つぶつぶ雑穀
おかず

毎日食べたい！ からだの元気を引き出す簡単おかず

大谷ゆみこ

学陽書房

はじめに

　赤ちゃんは、お母さんのおっぱいだけですくすくと育ちます。おっぱいには、赤ちゃんのいのちを養うすべてが入っているからです。

　雑穀と出会い、精白しすぎない伝統の穀物には、お母さんのおっぱいのように、人のいのちに必要な栄養のほとんどすべてが含まれているということを知ったときの衝撃は、今でも忘れられません。

　それまで白米しか食べたことがなく、ごはんはデンプンのかたまりで、栄養がたりない食べものだとばかり思っていたからです。

　雑穀の栄養成分表を見て、ビックリしました。穀物の仲間である雑穀には、タンパク質も脂肪も充分含まれ、ビタミンB群や食物繊維の豊富さには、目を見張るものがありました。細胞を酸化から守る成分も豊富です。
「穀物こそが、地球母さんのおっぱいだったんだ」

　早速、雑穀を食卓に迎え入れ、穀物8割の食生活を始めたら、体も心もみるみる元気になっていきました。
　そして、気がついたのです。
　雑穀一粒の中には、母なる地球の愛とエネルギーと一緒に、地球上に存在するおいしさのエッセンスが、すべて含まれていることに！

CONTENTS

- 3 はじめに
- 6 つぶつぶ雑穀でおかずを作る大作戦！
- 8 つぶつぶおかず12の魅力
- 10 雑穀の基本の炊き方

一鍋で3度おいしい つぶつぶおかず 基本編

- 12 **ミートつぶつぶ　高キビ**
- 13 高キビミートボール
- 14 高キビソテー3種
- 16 高キビビビンバプ
- 18 **チーズつぶつぶ　もちアワ**
- 19 もちアワなめこ炒め
- 20 もちアワピザ
- 22 キノコのアワバジルオーブン焼き
- 24 **チキンつぶつぶ　うるちアワ**
- 25 冷やしナスのずんだのせアワそぼろ
- 26 アワナゲット
- 28 うるちアワの照り焼き丼
- 30 **フィッシュつぶつぶ　ヒエ**
- 31 ヒエサラダ
- 32 ヒエのフィッシュ＆チップス
- 34 ヒエの穴子風天ぷら
- 36 **エッグつぶつぶ　もちキビ**
- 37 もちキビのオムレツ
- 38 もちキビとゴボウの柳川
- 40 スクランブルもちキビ3種
- 42 **ポークつぶつぶ　粒ソバ**
- 43 粒ソバギョウザ
- 44 粒ソバソーセージ
- 46 粒ソバソテー3種
- 48 **キャビアつぶつぶ　キヌア**
- 49 キヌアの唐揚げ
- 50 キヌアの和えもの
- 51 キヌアマリネ3種
- 52 **たらこつぶつぶ　アマランサス**
- 53 アマランサス丼
- 54 アマランサスマリネ3種
- 55 つぶつぶタラモサラダ
- 56 **COLUMN 1**　炊いた雑穀のかしこい活用術

一鍋で3度おいしい つぶつぶおかず 応用編

- 58 **高キビチリビーンズ**
- 60 高キビチリビーンズ&トルティーリャ
- 61 ベイクドポテトの高キビチリソース
- 62 **高キビ味噌ジャガ**
- 64 高キビ味噌ジャガの香草焼き
- 65 高キビ味噌ジャガのリッチメンチカツ
- 66 **ヒエとカブのクリーム煮**
- 68 ヒエのクリーミーコロッケ
- 69 ヒエクリームグラタン
- 70 **ヒエソバ大根**
- 72 ヒエソバ大根のパイ
- 73 ヒエソバ大根のつくね
- 74 **もちキビポテト**
- 76 もちキビサモサ
- 77 もちキビペペロンチーノ
- 78 **根菜のもちアワ煮**
- 80 もちアワの袋煮
- 81 もちアワ春巻き
- 82 COLUMN 2　なんでもコフタに！

つぶつぶおかず ここがポイント！

- 84 つぶつぶおかずをおいしく作る7つのポイント
- 85 つけ合わせレシピ① 蒸し野菜
- 86 つぶつぶおかず いのちを目覚めさせるバランス献立7つのポイント
- 90 つけ合わせレシピ② ソースいろいろ
- 92 **COLUMN 3**
  つぶつぶおかずの調味料セレクション
- 93 つぶつぶクッキングがもっと楽しくなるお役立ちガイド
- 94 おわりに

本書で使用している計量の単位
1カップ…200cc　1合…180cc
大さじ1…15cc　小さじ1…5cc

つぶつぶ雑穀で おかずを作る 大作戦！

主役は、大地の生命力の結晶である多彩な雑穀たち！
おいしく食べて、体と心の健康を取り戻す、
世界初、新しい魅力いっぱいの食の提案です。

つぶつぶおかずが現代っ子を救う！

誘惑に満ちた環境に取り囲まれ、おかずをたくさん食べる食事やスナック感覚の一品料理がごちそうだと思いこんで育った現代っ子たちは、ごはんが主食の食事では、舌も心も満足できません。
そこでひらめいたのが、雑穀でおかずを作る大作戦。
雑穀は穀物の仲間なのに、挽肉や卵やチーズやミルクやお魚のような風味と食感をもっています。
雑穀を新感覚の料理食材として活用すれば、日本の風土に合わない肉や卵や乳製品がなくても、子どもたちの大好きメニューが、なんでも作れます。
見た目も味わいも魅惑的なおかずやスナックなのに、じつは、穀物たっぷりの栄養満点の食事が「つぶつぶおかず」です。

高キビ
▼
ミートつぶつぶ

ビーフ挽肉風の食感が楽しめる

もちアワ
▼
チーズつぶつぶ

チーズを超える食感

味、食感、色、個性派ぞろいの雑穀たち!

うるちアワ
チキンつぶつぶ

鶏肉風の食感が楽しめる

ヒエ
フィッシュつぶつぶ

白身魚やミルクのような食感が楽しめる

もちキビ
エッグつぶつぶ

卵のような食感が楽しめる

粒ソバ
ポークつぶつぶ

豚挽肉風の食感が楽しめる

キヌア
キャビアつぶつぶ

金色透明の上品なおいしさ

アマランサス
タラコつぶつぶ

タラコ風の食感が楽しめる

つぶつぶおかず 12の魅力

1 舌が満足

「びっくりおいしい」、「新しなつかし」と評判のつぶつぶおかずの秘密は、雑穀です。雑穀は白米よりもうま味が濃くて、食感も多様。ミルキーでコクもボリューム感もいうことなし。そのうえクセがないので、世代を超えて、だれをも魅了するおいしい料理が無限に作れます。

2 体が満足

つぶつぶおかずには、体に必要な栄養素のほとんどがバランスよく含まれているので、おいしいおいしいと楽しんでいるだけで、不足していた栄養がしっかりと補給され、栄養とともに新鮮な酸素が各細胞に満ちて、体も大満足です。

3 心が満足

炊きあがった雑穀たちの生命力あふれる美しさに感動です。チャーミングな雑穀たちが、シンプルな組み合わせと調理法で、本家も顔負けの現代料理に変身していくプロセスは、ワクワク、ドキドキ。まさに発見に満ちています。そして、できあがった魅惑的な料理は、食べる人の心を満たします。

4 体があたたまる

ニュートラルな栄養バランスの雑穀を、自然塩をベースに料理したつぶつぶおかずには、体を芯からあたためる力があります。食べている途中から、心がほんわりあたたかくなって、食べ終わるころには爪の先までホッカホカ。つぶつぶおかずで冷え性は卒業です。

5 腸が元気になる

食物繊維の豊富なつぶつぶおかずを毎日食べると、腸がどんどん元気になります。毎朝の快適な便通や、消化吸収力が高まる効果が期待できます。体中の大掃除が進んで、細胞もピカピカの元気を取りもどせることでしょう。

6 デトックス効果がある

安全なデトックス効果が期待できます。つぶつぶおかずに含まれる豊富な食物繊維は、たまっていた有毒成分や老廃細胞を、体の外へすみやかに出してくれます。お腹の中の腐敗物や余分なコレステロール、食品添加物、重金属や放射性物質、発ガン成分などの有毒成分も、吸着して外に出しやすくしてくれます。

7 お腹いっぱい食べてダイエット

つぶつぶおかずには、ダイエット効果が期待できます。なんと、お腹いっぱい食べることで、体が引き締まってくるのです。雑穀のもつ栄養素がチームワークを発揮して、体本来の働きをよみがえらせるので、体にとって無駄なものは、どんどん体外に追い出されていきます。やっかいな内臓脂肪も体脂肪も燃焼されやすくなるのです。

8 美肌効果が期待できる

つぶつぶおかずは、アルカリ性食品が主な材料なので、アルカリ性の健全な血液をつくってくれます。体に必要な栄養もフルメンバーでそろっているので、健康な細胞がどんどんつくられ出し、ハリのあるきれいな肌が期待できます。

9 若さを保つ効果が期待できる

キビの黄色、高キビの赤、粒ソバの紫、ヒエのクリーム色などなど、雑穀の色は、どれも免疫力を高めて細胞の酸化を防ぎ、若さを保つといわれる抗酸化成分の色です。さらに、食物繊維の多いつぶつぶおかずは、噛みごたえがあるので、脳をしっかり刺激して、若返りのホルモンの生成を促します。

10 簡単に作れて日持ちする

雑穀そのものにうま味があるので、簡単にコクとボリュームのある満足おかずを作ることができます。冷めてもおいしく、時間がたっても味が落ちないので、週に一度、今週はこれと決めた雑穀を1～2種類炊いて、冷蔵庫に入れておけば、短時間で手軽につぶつぶおかずを楽しむことができます。

11 経済的

つぶつぶおかずの材料は、冷蔵庫要らずで保存できる食材が中心です。腐らないうえに、無駄もでません。調味料がシンプルなので、不必要な出費がなくなり、トータルでの食費が減ります。また、体調も整いやすくなるので、薬代や医療費の削減にも役立ちます。

12 自然との一体感を感じる

つぶつぶおかずは、植物性の材料だけでできているので、心をリラックスさせ、やさしい気持ちを引き出します。細胞に響くおいしさを楽しんでいるうちに、宇宙の元気と知恵が体の中から湧き出してくることでしょう。自然界との一体感が感じられるようになり、ふんわり満ちた心へと導いてくれます。

雑穀の基本の炊き方

① 洗ってザルに上げる
② 沸騰したら、雑穀を一気に入れる
③ 木べらでかき混ぜながら、強火にかける
④ 鍋の底が見えるようになったら
⑤ フタをしてとろ火で15分炊く
⑥ 火からおろして10分蒸したら、炊きあがり
⑦ 風を入れる

＊高キビ、粒ソバ、キヌア、アマランサスは、かならず弱火にする

＊高キビ、粒ソバ、キヌア、アマランサスは混ぜない（中火で5分）

（写真はもちキビ）

雑穀をおいしく炊くポイント

水加減、塩加減、火加減、風加減、4つの要素が雑穀のおいしさを最大限に引き出します！

●洗う
大きめのボウルに雑穀を入れて、水を入れ、サラサラと混ぜるように洗います（とぐとおいしくなくなります）。そのとき、浮いてきたゴミや未熟の粒を水と一緒に流すことを数回、水がほぼクリアになるまで繰り返し、裏ごし器やスープこし器など、目の細かいザルにあげます。

●水加減
それぞれの雑穀にあった基本の水加減をマスターし、つぎに料理の目的にあった水加減をマスターしましょう。

[基本]
高キビ……………………………同量の水
ヒエ、うるちアワ、粒ソバ、キヌア…1.8倍の水
もちキビ…………………………2倍の水
もちアワ、アマランサス…………3倍の水

●火加減
最初に強火で一気にエネルギーを入れるのが、おいしく炊くコツです。

ヒエ、うるちアワ、もちアワ、もちキビ
……………強火で混ぜながら煮て、とろ火15分
高キビ、粒ソバ、キヌア、アマランサス
…………強火で煮立て、中火5分、そして弱火15分

●塩加減
雑穀1カップに対して自然塩小さじ1/4が、おいしさを引き出す基本です。もちアワチーズを作るときは、小さじ1/2の自然塩で炊きます（P18）。

●蒸らす
炊きあがったら、かならず火からおろして10分蒸らします（ここで、じっくりうま味が熟成されます）。

●風を入れる
蒸らし終わったら、水滴が落ちないように静かにフタをあけ、ぬらした木べらで大きく上下を返すようにさっくりほぐしながら風を入れます（ここで味が引き締まります）。

一鍋で3度おいしい

つぶつぶおかず

雑穀それぞれのうま味を引き出して、炊きあげ、多彩に活用する！

おいしく炊きあげた雑穀があれば、巷の人気メニューが簡単に作れます。1カップの雑穀を炊くと10人分以上のおかずが作れます。一鍋の雑穀を3回に分けて3種類の料理作りを楽しんでみましょう。

ミートつぶつぶ
高キビ

**歯ごたえキュッ
挽肉の色と食感のつぶつぶ**

ふっくらつやつやに炊きあがった赤茶色の粒は、
キュッキュッとした歯ごたえと弾力があり、見た目も挽肉のよう。
高キビがあれば、ハンバーグやミートボールをはじめ挽肉料理はなんでも作れます。
挽肉料理と違って臭みがなく、ほのかな甘みがあって肉よりおいしいと大人気です。

基本の炊き方
かたいので、圧力鍋で炊くか、一晩水につけて炊きます。

材料（1単位：できあがりの量＝約300g）
高キビ……1カップ
水……1カップ
自然塩……小さじ1/4

圧力鍋で炊く

❶ 高キビは洗ってザルにあげ、水をきる。

❷ 圧力鍋に❶と水と塩を加え、強火にかける。蒸気が上がってきたら、一呼吸おいてからおもりをのせる。おもりが回り始めたら、30秒ほど待って、おもりが少し動く程度の弱火にして10分炊く。

❸ 火からおろして10分蒸らしたら、フタをあけて大きく混ぜ、風を入れる。

鍋で炊く

❶ 高キビは洗って、たっぷりの水にひと晩つけて水をきる。
＊ 急ぐときはたっぷりの熱湯につけ、ぴっちりフタをして30分蒸らす。

❷ 鍋に❶と水と塩を加え、フタをして強火にかける。沸騰したら中火で5分、とろ火で15分炊く。

高キビミートボール

見た目も食感も味も大好きなミートボール じつはニンジン入りの揚げおにぎり！

材料（20個分）
炊いた高キビ……1/2単位（P12）
タマネギ……40g
植物油（★）……小さじ1/2
自然塩……小さじ1/8＋小さじ1/2
ニンジン……75g
キノコ（またはゆでたインゲン）…50g
小麦粉……40g
パン粉…20g
しょう油……小さじ1
揚げ油（★）……適量
バーベキューソース（P90）……大さじ2

★菜種油7：ごま油3がおすすめ
（詳しくはP84を参照）。

作り方
1　タマネギはみじん切りにする。油を熱し、タマネギをさっと炒め、塩小さじ1/8をふる。
2　ニンジンは皮ごとすりおろし、キノコはみじん切りにしておく。
3　炊いた高キビに1、2、小麦粉、パン粉、塩小さじ1/2、しょう油を加えて混ぜ合わせる。1個15gのボール型に握って、160℃の油で6〜7分、中まで火が通るように揚げる。
4　バーベキューソースをフライパンに入れて熱し、3のボールをからめる。
＊　パン粉はなくても作れます。
＊　生姜の搾り汁を入れると、中華風になります。

高キビソテー3種

好みの具材と炒め合わせると多様な挽肉炒め風のおかずが楽しめる

キャベツの高キビ味噌炒め
ふんわり甘いキャベツと味噌をまとった高キビ粒のハーモニー

材料（2～3人分）
炊いた高キビ……1/4単位（P12）
キャベツ……150g
生姜……2g
菜種油……小さじ2＋小さじ1
麦味噌……20g
水……大さじ2

作り方
1 キャベツは一口大にちぎっておく。生姜は千切りにしておく。
2 油小さじ2を熱して生姜を入れ、香りがしてきたら、キャベツを加え、しんなりするまで炒める。
3 油小さじ1を加え、炊いた高キビを入れて炒める。水で溶いた味噌をまわしかけ、炒め合わせる。
＊ ナス、ピーマン、インゲンなどでもおいしくできます。

高キビと蒸しレンコンのニンニク風味ムニエル
カリッと焼けたもっちりレンコンにからむ高キビがうまい！

材料（2～3人分）
炊いた高キビ……1/4単位（P12）
レンコン……200g
自然塩……小さじ4/5
小麦粉・くず粉……各小さじ1
ニンニク（おろしたもの）……1片
植物油（P84 ★）……大さじ2
しょう油……大さじ1

作り方
1 レンコンはタテ1/4に切り、一口大の乱切りにして、塩をまぶして蒸籠に入れ、水から強火で20分蒸す。
2 小麦粉と粉にしたくず粉を混ぜ、茶こしでふるいながら1のレンコンの表面全体にまぶす。
3 フライパンに油とニンニクを入れ、火にかけ、よい香りがしてきたら2のレンコンを加えて焼く。レンコンの表面を焼きつける感じにするのがポイント。
4 焼き色がついたら炊いた高キビを加え、炒め合わせ、しょう油をまわし入れる。

高キビ入りハッシュドポテト
表面はカリッ、中はフワッ、高キビ粒がプチッ

材料（2～3人分）
炊いた高キビ……1/4単位（P12）
ジャガイモ……300g
植物油（P84 ★）……大さじ2
自然塩……小さじ1/2＋小さじ1/4

作り方
1 ジャガイモは細い千切りにし、塩小さじ1/2をまぶしておく。
2 油を熱して、炊いた高キビを炒め、塩小さじ1/4を加える。
3 1のジャガイモを入れてさっと炒めたら、形を整えて、フタをして弱火で20分焼き、ひっくり返して5分焼く。

高キビビビンパプ

韓国だれにつけた高キビと
つぶつぶ流ナムルで本格ビビンパプ

ごはんの上に好みの量のナムルをのせ、キリっとネギサラダを上に盛ります。
韓国流は、全部をよく混ぜて食べますが、そのまま食べてもおいしい。

ニンジンのナムル&春菊のナムル

材料(4〜6人分)
ニンジン(春菊)……80g
[たれA]
しょう油・純米酒・ごま油・煎りごま
　……各大さじ1
生姜(搾り汁)……小さじ1

作り方
1　ニンジンは斜め薄切りにしてから千切りにする。1%の塩(分量外)をして蒸す(春菊はゆでて、食べやすい大きさに切っておく)。
2　1のニンジン(春菊)をたれAにつける。

ヒジキのナムル

材料(4〜6人分)
ヒジキ……10g
ネギ(みじん切りにしたもの)
　……小さじ1＋小さじ1
ニンニク(おろしたもの)……少々
ごま油……小さじ1
水……1/4カップ
しょう油……小さじ2と1/2

作り方
1　ヒジキは戻さずに、たっぷりの熱湯で5分ゆで、ザルにあげる。
2　鍋にごま油とニンニクを入れ、火にかけてニンニクのよい香りがしてきたら、1とネギ小さじ1を加えてさっと炒める。水を入れ、しょう油を加えて中火で煮る。
3　煮汁がほとんどなくなったら、さらにネギ小さじ1を加えて混ぜる。

味つけ高キビ&ゼンマイのナムル

材料(4〜6人分)
炊いた高キビ……1/4量単位(P12)
　(戻したゼンマイ……80g)
ごま油……大さじ1
[たれB]
しょう油・純米酒……各大さじ1
生姜(搾り汁)……小さじ1

作り方
1　炊いた高キビを、たれBにつけておく(戻したゼンマイの場合は、食べやすい大きさに切り、たれBにつけておく)。
2　ごま油を熱し、1の高キビ(または戻したゼンマイ)を炒める。

▼

キリっとネギサラダ

材料(4〜6人分)
ネギ(白いところ)……50g
自然塩……小さじ1/4
ごま油……小さじ2
唐辛子(みじん切りにしたもの)……少々

作り方
1　ネギはタテの千切りにして、冷水に5分さらす。
2　水をきった1のネギを、塩、ごま油、唐辛子と和える。

チーズつぶつぶ
もちアワ

とろ〜り、とろける
まろやかな風味のつぶつぶ

もちアワは、世界のいろいろな国々で、
「おっぱいの出がよくなる」「産後の体の回復によい」といわれてきた雑穀です。
鉄分が多く貧血を予防します。クセのない、ほんのり甘い深い味わいが特徴です。
もちアワがあれば、とろけるチーズ料理はおまかせ！
ピザもクリームグラタンも臭みがなくて、チーズよりおいしいと評判です。

基本の炊き方

材料（1単位：できあがりの量＝約560g）
もちアワ……1カップ
水……3カップ
自然塩……小さじ1/2

❶ もちアワは洗って目の細かいザルにあげ、水をきる。

❷ 鍋に分量の水を沸騰させ、塩ともちアワを入れて、木べらでよく混ぜながら強火で煮る。

❸ もったりとして鍋底が見えてきたら、フタをしてとろ火で15分炊く（クッキングマットをしくと便利）。かき混ぜたあとに鍋底が見えるようになるくらいが目安だが、ここで火を入れすぎると、炊き上がりが固くなるので注意。

❹ 炊きあがったら火からおろして10分蒸らし、木べらでさっくり混ぜ、風を入れる。

＊ 厚手の鍋で炊くのがポイント。
＊ 均一なとろ火をつくるクッキングマットを使うと、焦げずにムラなく炊けます。

もちアワなめこ炒め

トロトロなめこともっちりもちアワを炒めて
しょう油をジュッ！

材料(4～6人分)
炊いたもちアワ……1/6単位(P18)
ナメコ…100g
小松菜…100g
植物油(P84 ★)……大さじ1
しょう油……大さじ2

作り方
1 小松菜は3cmの長さに切る。
2 油を熱して小松菜を炒め、ナメコを加えてさっと炒めたら、しょう油を入れてからめる。
3 炊いたもちアワを加え、混ぜ合わせる。

もちアワピザ

手作りの簡単ピザ生地にヒジキのマリネと
トマトともちアワチーズをのせて

材料（約直径18cmのピザ1枚分）
炊いたもちアワ……1/2単位（P18）
自然塩……小さじ1/2
ヒジキマリネ……50g
トマト……1個
バジル……6枚

［ピザの生地］
小麦粉……100g
自然塩……小さじ1/4
菜種油……大さじ1/2
ぬるま湯（40℃ぐらい）……大さじ4

作り方
1 炊いたもちアワが熱いうちに塩小さじ1/2を加えてよく混ぜておく。
2 小麦粉、塩小さじ1/4を合わせてふるい、菜種油を加えて箸で混ぜる。
3 2にぬるま湯を一気に入れ、箸でかき混ぜながら、粉を全部まとめる。
4 手のひらで素早く転がしながら、手につかなくなるまでこねる。
5 4をクッキングシートの上にのせ、手で丸くのばす。20cmくらいになったら、生地にフォークで穴をあける。
6 180℃のオーブンで8分焼く。
7 トマトは半分に切って、薄めの輪切りにする。
8 焼き上がった生地の上に、ヒジキマリネ、トマト、バジルの順にのせ、塩（分量外）をふり、1のもちアワをひろげながらのせる。
9 230℃で5分焼く。

ヒジキマリネ

材料
ヒジキ……25g
菜種油……大さじ3
梅酢……大さじ1と1/2
しょう油……小さじ1弱

作り方
1 ヒジキは戻さず熱湯で5分ゆでてザルにあげる。
2 長いヒジキはハサミで切って、熱いうちに菜種油、梅酢、しょう油を合わせたマリネ液につける。
＊ 菜種油の2割から半分をオリーブ油にかえると、よりイタリアンテイストに！
＊ 冷蔵庫で長く保存でき、サラダのトッピング食材として活用できます。

キノコのアワバジルオーブン焼き

バジルペーストを合わせた
香り高いアワバジルソースをたっぷりかけて

材料（2～3人分）
炊いたもちアワ……1/3単位（P18）
バジルペースト……大さじ1と小さじ1
シメジ・マイタケ・エリンギ……各45g
オリーブ油……小さじ2/3
菜種油……小さじ2/3
純米酒……大さじ2
自然塩……小さじ1/3

作り方
1　炊いたもちアワが熱いうちにバジルペーストを加えて混ぜる。塩の量は、バジルペーストの塩かげんによって、調整する。
2　シメジとマイタケは手で裂き、エリンギは適当な大きさに切る。
3　2をオリーブ油と菜種油で炒め、酒と塩を加え、アルコール分がとぶまで炒める。
4　耐熱皿に3のキノコ類を盛り、1のアワバジルソースを上からかけてオーブンに入れ、高温で10分焼く。
＊　オーブントースターでも簡単に焼けます。
＊　アワバジルソースが熱々なら、オーブンで焼かなくても充分おいしい。

バジルペースト

材料
バジルの生葉…100g
ニンニク…2片
松の実…20g
オリーブ油…1/2カップ
自然塩…小さじ1

作り方
バジルの葉は水分を拭いてから粗く手でちぎる。ニンニクの粗いみじん切り、松の実、オリーブ油、塩といっしょにフードプロセッサーに入れてペーストにする。バジルの茎は使わない。

＊　ビン詰めなどの市販のものでもよい。

チキンつぶつぶ
うるちアワ

ふんわり、パラリ
プチプチ感が楽しい
つぶつぶ

うるちアワは、長い間、ヒエとならぶ日本の主食作物でした。
栄養バランスはもちろんですが、とくに鉄分が多い雑穀です。
直径1.5mmほどの茶味がかった黄色の粒で、うま味が強いのが特徴です。
たんぱく質も多く、歯ごたえのあるプチプチ、パラリとした食感を活かすと、
鶏そぼろのようになります。

基本の炊き方

材料(1単位：できあがりの量＝約370g)
うるちアワ……1カップ
水……1と4/5カップ
自然塩……小さじ1/4

❶ うるちアワは洗って目の細かいザルにあげ、水をきる。

❷ 鍋に分量の水を入れて、沸騰したら塩とうるちアワを入れ、木べらでよく混ぜながら強火で煮る。

❸ 水がほとんどうるちアワに含まれて、鍋底が見えてきたら、フタをして弱火で15分炊く。

❹ 炊きあがったら火からおろして10分蒸らし、木べらでさっくり混ぜ、風を入れる。

冷やしナスのずんだのせアワそぼろ

鶏そぼろ、いえいえ、味噌風味のうるちアワのそぼろです

材料(4人分)
[アワそぼろ]
炊いたうるちアワ……1/4単位(P24)
植物油(P84 ★)……大さじ1
生姜(おろしたもの)……小さじ1/2
しょう油・純米酒……各大さじ1
豆味噌……小さじ1
水(または昆布だし汁)……1/2カップ

[蒸し冷やしナス]
ナス……5〜6本
自然塩……小さじ4/5
　(皮をむいたナスの重量の1%)
水……2カップ
昆布……5cm
薄口しょう油……大さじ1
純米酒……大さじ2
自然塩……小さじ1
生姜(搾り汁)……少々

[ずんだ味噌]
枝豆(ゆでてサヤから出したもの)
　……100g
水……大さじ2
麦味噌……小さじ2

作り方
1. ナスは皮をむいて筒切りにし、1%の塩をして、すぐに蒸気の上がった蒸し器で15分蒸す。
2. 鍋に水と昆布、薄口しょう油、酒、塩、生姜の搾り汁を入れて火にかけ、煮立てて酒をとばす。
3. 2があたたかいうちに1のナスをひたし、そのまま冷ます。
4. フードプロセッサーに枝豆を入れて、マッシュする。ようすを見ながら少しずつ水を加えていき、さらに味噌を加えて再びマッシュし、ずんだ味噌を作る。
5. 油を熱し、生姜を炒めて香りがしてきたら、炊いたうるちアワを加え、さらに、しょう油、酒、豆味噌を混ぜ合わせた調味液を加える。全体になじませたら、水を加えて中火で水分がなくなるまで煮詰める。
6. 冷めた3のナスとつけ汁を器に盛り、4のずんだ味噌と5のアワそぼろをのせる。

Point
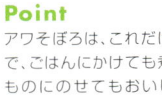
アワそぼろは、これだけで、ごはんにかけても煮ものにのせてもおいしい大人気おかずです。

アワナゲット

チキンナゲット大好きっ子もパクパク大満足！
じつは高野豆腐入りの揚げおにぎり

材料（12個分）
[アワナゲットの生地]
炊いたうるちアワ……1/2量（P24）
高野豆腐……1枚
タマネギ……1/4個（50g）
生姜…2g
コリアンダー粉……小さじ1/2
植物油（P84 ★）……小さじ1/4
自然塩……小さじ1/4＋小さじ1/3
しょう油……小さじ1
純米酒……小さじ1
小麦粉……1/3カップ

揚げ油（P84 ★）……適量
キャロットソース（P90）……適量

作り方
1 高野豆腐は水につけて戻し、しっかり絞って、細かくちぎる。生姜は細かいみじん切りに、タマネギは粗いみじん切りにする。
2 油を熱して1のタマネギを炒める。全体に油がまわったら1の高野豆腐とコリアンダー粉と塩小さじ1/4を加えて、さっと炒める。
3 炊いたうるちアワに1の生姜、2、しょう油、酒、塩小さじ1/3を加えて、よく混ぜ合わせる。
4 小麦粉を加えてさっと混ぜ、12等分して平らなナゲット型に握る。
5 170℃の油でアワの色をいかした黄金色に揚げて、キャロットソースを添える。

うるちアワの照り焼き丼

ナゲット生地を板麩にのせて一口天ぷらを作り
万能たれをからめて

材料（4人分）
アワナゲットの生地……1/2単位（P27）
板麩……1枚
くず粉……50g
水……大さじ5
揚げ油（P84 ★）……適量
万能たれ……1単位（P91）
ごはん……茶椀4杯分
焼き海苔……適量
粉山椒……適量

作り方
1　板麩は熱湯に2〜3分つけて戻し、水をきって2枚に開く。さらにそれをヨコ半分ずつに切る。
2　アワナゲットの生地を4等分にして、両端を1cmほど残して1の板麩にそれぞれ貼りつける。
3　2をそれぞれ8等分して、水で溶いたくず粉にくぐらせて170℃の油で揚げる。
4　フライパンに万能たれを入れて火にかけ、沸騰したら3を入れ、たれをからめる。
5　器にごはんを盛り、きざんだ焼き海苔と4をのせて、粉山椒をふる。

フィッシュつぶつぶ
ヒエ

しっとり、ホロリ
ミルキーなコクがある
つぶつぶ

まっ白ふんわり、ミルキーなコクのあるやさしいおいしさは感動的です。
炊きたての熱いうちにおろした山芋を混ぜると、白身魚のすり身のような生地ができます。
この生地を使うと、お魚風味の料理が無限に作れます。
体をあたためる効果が期待できるので、冷え症の人には、
とくにおすすめのつぶつぶです。熱々のうちに料理するのがポイントです

基本の炊き方

材料（1単位：できあがりの量＝約480g）
ヒエ……1カップ
水……1と4/5カップ
自然塩……小さじ1/4

❶ ヒエは洗って目の細かいザルにあげ、水をきっておく。

❷ 鍋に分量の水を入れて、沸騰したら塩とヒエを入れ、木べらでよく混ぜながら強火で煮る。

❸ 水がほとんどヒエに含まれて、鍋底が見えてきたら、フタをして弱火にして15分炊く（クッキングマットをしくと便利）。

❹ 炊きあがったら火からおろして10分蒸らし、木べらでさっくり混ぜ、風を入れる。

ヒエサラダ

冷ましてパラッとほぐしたヒエと
みじん切りの野菜を混ぜるだけの宝石箱のようなサラダ

材料(4〜6人分)
炊いたヒエ……1/4単位(P30)
トマト……100g
タマネギ……80g
キュウリ……50g
梅酢……大さじ1
コリアンダー粉……小さじ1/4

作り方
1 炊いて蒸らし終わったヒエは、ほぐしながらポロポロになるように冷ます。
2 トマトは1cmくらいのみじん切り、タマネギはタテヨコに切れ目を入れてから、繊維に直角に薄いみじん切りにする。キュウリは3mmくらいのみじん切りにする。
3 ボウルにキュウリを入れ、1のヒエを加えて、よく混ぜ合わせる。タマネギ、トマトを順に入れてよく混ぜ、梅酢、コリアンダー粉を加えて味をととのえる。

Point
タマネギが香りと透明感を、キュウリが色と歯ごたえを、トマトが色とうま味をそえながら、ヒエを包み込んで、舌においしくはじけるサラダハーモニーをかなでます。

ヒエのフィッシュ＆チップス

東北地方伝統の板麩にとろろ芋を混ぜたヒエは
だれもが上等の白身魚と勘違い

材料（4人分）
炊いたヒエ……1/2単位（P30）
山芋（おろしたもの）……30g
　（山芋粉を使うなら8g＋水20cc）
自然塩……小さじ1/2
板麩……1枚
揚げ油（P84 ★）……適量
レモン……適量

［衣］
小麦粉……1/2カップ
自然塩……小さじ1/4
水……1/3カップ

作り方
1　炊いたヒエが熱いうちに塩小さじ1/2と山芋を混ぜて、なめらかな生地を作る。
2　板麩は熱湯に2〜3分つけて戻し、水をきって2枚に開く。さらにそれをヨコ半分ずつにする。
3　1の生地を4等分にして、それぞれを板麩の上に平らに押しつけるようにのばす。
4　魚の切り身の形のように2等分する。
5　小麦粉と塩小さじ1/4を合わせてふるい、水で溶いて衣を作り、4につけて、180℃の油でカラリと揚げる。
6　皮つきジャガイモのフレンチフライと一緒に皿に盛りつけて、レモンを添える。

皮つきジャガイモのフレンチフライ

材料
ジャガイモ……大きめ4個
　（約500g）
揚げ油（P84 ★）
　……適量
自然塩・こしょう……適量

作り方
1　ジャガイモは洗い、気になる芽だけを取る。
2　1個を6〜8等分の櫛形に切り、中身が半分しか残らないくらいに厚く皮をむく。
3　2のむいた皮を常温の揚げ油に入れて火をつけ、ゆっくり火を通す。
4　さらに200℃でカラリと仕上げ、塩、こしょうをふる。
＊　残ったジャガイモの中身は、小さじ1/2の塩をまぶして、蒸し器で15分蒸し、つぶしてマッシュポテトとするなど活用します。

ヒエの穴子風天ぷら

細く切った海苔に貼りつけて穴子風
お好みの魚を創作して遊びましょ！

材料（14個分）
炊いたヒエ……1/4単位（P30）
山芋（おろしたもの）……15g
　（山芋粉を使うなら4g＋水10cc）
自然塩……小さじ1/4
海苔……1枚
くず粉……15g
水……大さじ1
揚げ油（P84 ★）……適量
照り焼きのたれ……1単位（P91）
粉山椒・自然塩……適量

作り方
1　炊いたヒエが熱いうちに塩と山芋を混ぜて、生地を作る。
2　海苔を半分に切り、さらにそれを7枚に切る。
3　14等分した1を2の海苔に平らにのせ、包丁の背で筋を入れる。
4　水で薄く溶いたくず粉（同量の水で薄く溶いた小麦粉でもいい）に3をくぐらせ、180℃の油で揚げる。
5　4に照り焼きのたれ、粉山椒と塩を合わせた山椒塩を添える。

Point
冷めると固まるヒエの性質で、ヒエの穴子風は、粗熱がとれたころには弾力がでてきます。それから、水にぬらした包丁で、タテヨコに筋を入れます。

エッグつぶつぶ
もちキビ

ビビッドな黄色
ふんわり卵の風味と食感

もちキビは、小キビ、イナキビとも呼ばれ、アワやヒエより少し大きめの粒です。
コレステロールを抑制する働きが期待できると注目されています。
炊きあがりは鮮やかな黄色。卵風味のふんわり感のあるとろみとコクがおいしい雑穀です。
梅酢と菜種油のドレッシングに混ぜると、コクのあるマヨネーズ感覚の
ユニークなドレッシングになります。

基本の炊き方

材料(1単位：できあがりの量＝約500g)
もちキビ……1カップ
水……2カップ
自然塩……小さじ1/4

❶ もちキビは洗って目の細かいザルにあげ、水をきる。

❷ 鍋に分量の水を入れて、沸騰したら塩ともちキビを入れ、木べらでよく混ぜながら強火で煮る。

❸ もったりとして鍋底が見えてきたら、フタをして弱火で15分炊く。

❹ 炊きあがったら火からおろして10分蒸らし、木べらでさっくり混ぜ、風を入れる。

もちキビのオムレツ

豆腐のペーストともちキビで作るふんわりオムレツ
お好みの具で楽しんで

材料(4人分)
[キビスフレ生地]
炊いたもちキビ……1/4単位(P36)
木綿豆腐……300g
梅酢……小さじ2
自然塩……小さじ1/2
小麦粉……60g
水……75cc
焼き油……大さじ1×4

[具]
好みの野菜(タマネギ、トマト、
　ズッキーニなど)……240g
自然塩……小さじ3/4
植物油(P84 ★)……大さじ2+適量

作り方
1　フードプロセッサー(またはすり鉢)に軽く水をきった豆腐、梅酢、小麦粉、塩小さじ1/2を入れ、クリーム状にする。最後に水を加え、なめらかになるまで混ぜる。
2　1に炊いたもちキビを入れて、ヘラなどで混ぜる。
3　好みの野菜を1cm角くらいのみじん切りにして、油大さじ2で炒め、塩小さじ3/4をふっておく。
4　油大さじ1を熱し、2の生地をお玉1杯分流し入れ、丸く形を整えて両面を焼き、3の野菜をのせ、半分に折りたたんでオムレツ型にする。

もちキビとゴボウの柳川

ゴボウをドジョウにもちキビを卵に見立てた
つぶつぶ流柳川は大人も子どもも大好き！

材料(4〜6人分)
炊いたもちキビ……1/2単位(P36)
ゴボウ……1本(約200g)
植物油(P84 ★)……大さじ1
水……1カップ
昆布……5cm角
しょう油……大さじ1
タマネギ……150g
好みの旬の青み野菜……適量
　(サヤインゲンなら4本程度)
油揚げ……1枚
ネギ……1/2本

[たれ]
しょう油……大さじ3
純米酒……大さじ4と1/2
水……1カップと大さじ2

作り方
1　ゴボウは皮をむかずに、大きめのささがき(小さなドジョウぐらいの大きさ)にして油でよく炒める。アクがとんでよい香りがしてきたら、水と昆布を入れて煮立てる。中火で水分が半量になるまで煮たら、しょう油を加えて煮切る。
2　タマネギは5mm幅の薄いまわし切りにする。油揚げは3mmに細長く切る。青み野菜も細長く切り、ネギは小口切りにする。
3　たれの材料を合わせる。
4　平らな鍋にタマネギ、1のゴボウ、青み野菜、油揚げを放射状に重ね入れる。
5　4に炊いたもちキビを平らにのせ、3のたれをまわしかけ、フタをして火にかける。沸騰したら中火にして、5分煮る。ネギを散らして1分煮る。

スクランブルもちキビ3種

炊きあがりがスクランブルエッグのようなもちキビに卵炒めはおまかせ！

もちキビのニラ炒め

卵を使わないニラ玉！

材料(2～3人分)
炊いたもちキビ……1/4単位(P36)
ニラ……60g
植物油(P84 ★)……小さじ2
自然塩……小さじ1/4
純米酒・しょう油……各小さじ1

作り方
1. ニラを2cmの長さに切る。
2. 油を熱して1をさっと炒め、塩、酒、しょう油を加え、火を止める。
3. 炊いたもちキビを加えてから火をつけ、ほぐすように炒めて、混ぜ合わせる。

もちキビのピスト

キノコとトマトとズッキーニがとろ～りもちキビにつつまれてイタリアンテイスト

材料(2～3人分)
炊いたもちキビ……1/4単位(P36)
タマネギ……1/4(50g)
ズッキーニ……50g
好みのキノコ……40g
トマト……中1個(100g)
植物油(P84 ★)……小さじ2
自然塩……小さじ1/6+小さじ1/3
純米酒……小さじ2

作り方
1. タマネギはヨコ半分に切って5mmのまわし切りに、ズッキーニは7mm幅の半月切りにする。キノコはほぐし、トマトはざく切りにする。
2. 油を熱してタマネギをさっと炒めたら、1のズッキーニ、キノコを順に入れ、酒と塩小さじ1/6を加える。さらに、炊いたもちキビを加えて、ほぐすように炒めて混ぜ合わせる。
3. 2に1のトマトを加え、塩小さじ1/3を入れて炒め合わせる。

ゴーヤチャンプルー

豆腐ともちキビでふんわり卵風の食感と風味を演出！

材料(2～3人分)
炊いたもちキビ……1/4単位(P36)
ゴーヤ……60g(正味)
木綿豆腐……100g
植物油(P84 ★)
　……大さじ1+大さじ1
自然塩……小さじ1/4
純米酒……大さじ1
しょう油……大さじ1

作り方
1. ゴーヤはタテ半分に切って種を取り出し、薄切りにする。豆腐は水をきり、一口大に手でほぐしておく。
2. 油大さじ1を熱し、1のゴーヤをさっと炒めて塩を入れ、さらに炊いたもちキビを加える。
3. 2に油大さじ1を入れ、1の豆腐も加え、さらに酒としょう油を加えて、炒め合わせる。

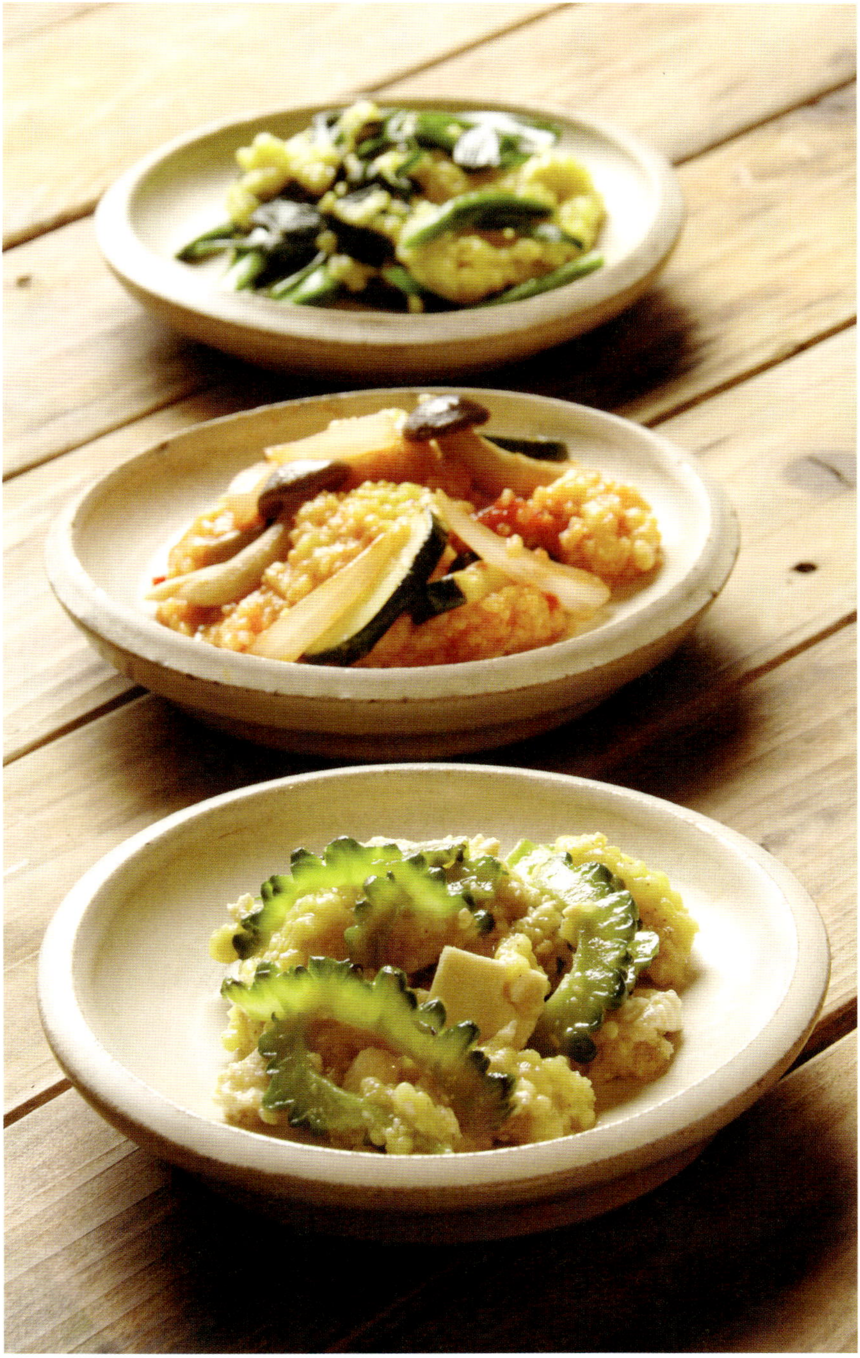

ポークつぶつぶ
粒ソバ

脂肪分に富む
ポーク挽肉食感の
つぶつぶ

血管の老化を防ぎ、毛細血管や心臓を強くするといわれるルチンを含む雑穀です。
たんぱく質と脂肪が、白米の約2倍も含まれているので、
炊きあがった粒ソバには、うま味とコクがあります。
つぶつぶクッキングでは、ポーク挽肉としてギョウザやソーセージに活用します。
野菜と炒め合わせてしょう油をジュッとまわしかけるだけでも、
コクのある一品ができあがります。

基本の炊き方

材料（1単位：できあがりの量＝約330g）
粒ソバ……1カップ
水……1と1/2カップ
自然塩……小さじ1/4

❶ 熱した鍋に粒ソバを洗わず入れ、軽く煎る。このとき、あまり煎りすぎないこと。触ってほんのりあたたかいくらいでよい。

❷ ❶に分量の水を入れて、沸騰したら塩を入れ、フタをして中火で5分、弱火で15分炊く。

❸ 炊きあがったら火からおろして10分蒸らし、木べらでさっくり混ぜ、風を入れる。

粒ソバギョウザ

野菜と粒ソバがハモった香り高い焼きギョウザ
臭みがなくて何個でも食べられる

材料(20個分)
炊いた粒ソバ……1/4単位(P42)
白菜……100g
　(キャベツやチンゲンサイでもOK)
ネギ……50g(タマネギでもOK)
ニラ……15g(なくてもよい)
シメジ……100g(ほかのキノコでもOK)
しょう油……大さじ1
純米酒……大さじ1
ごま油……小さじ2＋大さじ2
くず粉……7g
ギョウザの皮……20枚

作り方
1. 白菜は熱湯で5分ゆでる。5mm幅にタテに切れ目を入れて、それを5mm角の大きさに切る。切った白菜は両手にはさんで、軽くキュッと絞る。
2. ネギはみじん切りにする。
3. ニラは5mmの小口切りにする。シメジはほぐし、端から細かく切る。
4. しょう油、酒、ごま油小さじ2、くず粉を合わせ、切った野菜に混ぜる。
5. 皮に包む直前に炊いた粒ソバを混ぜる。
6. 5を20等分して皮にのせ、包む。
7. フライパンにごま油大さじ2を入れ、熱する。
8. ギョウザの余分な粉を落として半量並べ、強火のまま少し焼いたら、ギョウザが半分つかるくらいまで一気に水を加える。
9. フタをして、4分くらい水がなくなるまで蒸し焼きにする。
10. フタを取り、まわりが少し焦げるくらいまで焼きあげる。

Point
フチに水をつけて半分に折り合わせ、3ヵ所くらいヒダをとって押さえると、簡単に包める。

粒ソバソーセージ

本格粗挽きソーセージは、じつは焼きおにぎり
バジルソースをからめてゴージャスに！

材料（10個分）
炊いた粒ソバ……1/2単位(P42)
タマネギ……70g
植物油(P84 ★)……小さじ1
自然塩……小さじ1/6＋小さじ1弱
山芋粉……10g
　（おろした山芋40gでもOK）
水……大さじ2
セージの粉……小さじ1弱
こしょう……小さじ1/8
ニンニク（おろしたもの）
　……1/2片（約2g）
小麦粉……1/2カップ
バジルソース……適量

［打ち粉］
くず粉……15g
小麦粉……15g

作り方
1　タマネギは、みじん切りにする。
2　フライパンに油を熱し、1のタマネギを入れ、ひと混ぜして全体に油がからんだら、塩小さじ1/6をふって火を止める。
3　山芋粉に塩小さじ1弱と水を加え、よく混ぜる。
4　ボウルに炊いた粒ソバ、2のタマネギ、セージの粉、ニンニク、こしょう、3を入れ、全体がよく混ざったら、小麦粉1/2カップを加え、木ベラで切るように混ぜる。
5　4を10等分に分ける。手水をつけ、一度団子状にギュッと握り、手の間で転がすようにしながら、細長いソーセージ型にする。
6　粉にしたくず粉と小麦粉を合わせ、ソーセージにまぶして、蒸し器で10分蒸す。
7　フライパンに油（分量外）をひき、ソーセージを並べ、中火で焦げ目がつくまで焼く。
8　皿に盛り、熱々のバジルソースをかける。
＊　くず粉と小麦粉をまぶして蒸すと、ソーセージの表面に薄皮ができます。小麦粉だけでもよい。

バジルソース

材料
シメジ……100g
水……1カップ
昆布……5cm
自然塩……小さじ1/4
バジルペースト……大さじ1
くず粉……大さじ1
水……大さじ1

作り方
1　水と昆布を煮立て、シメジを入れる。
2　ひと煮立ちしたら、塩、バジルペーストを入れ、再び沸騰したら水で溶いたくず粉を入れトロミをつける。
＊　粒マスタードに2割の麦味噌を混ぜた味噌マスタードで食べる粒ソバソーセージもキリッとおいしい。

粒ソバソテー3種

粒ソバがあれば、あっという間に野菜炒めがメインディッシュに変身

粒ソバと春雨のタイ風サラダ

酸味のきいたドレッシングで和えた春雨と野菜のうま味を粒ソバが引き立てる

材料(4人分)
炊いた粒ソバ……1/4単位(P42)
緑豆春雨……50g
赤タマネギ……1/4個(約50g)
キュウリ……1/2本(約50g)
サラダ菜……4〜5枚
トマト……少々
イタリアンパセリ……適量
ピーナッツ……少々
ごま油……大さじ1
しょう油……小さじ1と1/2
コリアンダー粉……少々

[ドレッシング]
唐辛子……1〜2本
自然塩……少々
白たまり……大さじ3
レモン汁・水……各大さじ3

作り方
1 春雨は熱湯でゆでて、食べやすい長さに切る。
2 赤タマネギは繊維に直角に薄切りにして冷水に5分つけ、ザルにあげる。キュウリは斜め薄切りにし、ピーナッツはくだく。
3 ごま油を熱して炊いた粒ソバを炒め、しょう油とコリアンダー粉を加える。
4 すり鉢に唐辛子を入れて、塩と一緒によくすり、白たまり、レモン汁、水の順番に加えて、ドレッシングを作る。
5 ボウルに1、2、3を加えて混ぜ合わせる。
6 サラダ菜をしいた皿に盛り、4のドレッシングをかける。好みの大きさに切ったトマト、イタリアンパセリを飾る。
＊ 白たまりのかわりに、薄口しょう油やしょう油でもよい。

粒ソバソテー

見ても食べても豚挽肉炒めみたい！

材料(4人分)
炊いた粒ソバ……1/4単位(P42)
インゲン……100g
植物油(P84 ★)……大さじ1
自然塩……小さじ1/5
しょう油……小さじ2

作り方
1 インゲンは固めにゆでて、半分の斜め切りにしておく。
2 油を熱し、1を入れ、炒めて塩を加える。
3 炊いた粒ソバを加え、さらにしょう油を加えて、さっと炒め合わせる。

ジャガイモのコロコロカレー炒め

すきとおったカレー味のジャガイモが新鮮

材料(4人分)
炊いた粒ソバ……1/4単位(P42)
ジャガイモ……200g
植物油(P84 ★)……大さじ1＋大さじ2
自然塩……小さじ1/2＋小さじ1/4
水……大さじ2
カレー粉……小さじ1

作り方
1 ジャガイモは皮ごと1cm角に切る。
2 油大さじ1を熱し、1をさっと炒めてから塩小さじ1/2をふる。水を加えフタをして、弱火でジャガイモに火を通す。
3 2に油大さじ2を加え、炊いた粒ソバを炒め合わせる。カレー粉、塩小さじ1/4を加え、炒め合わせる。

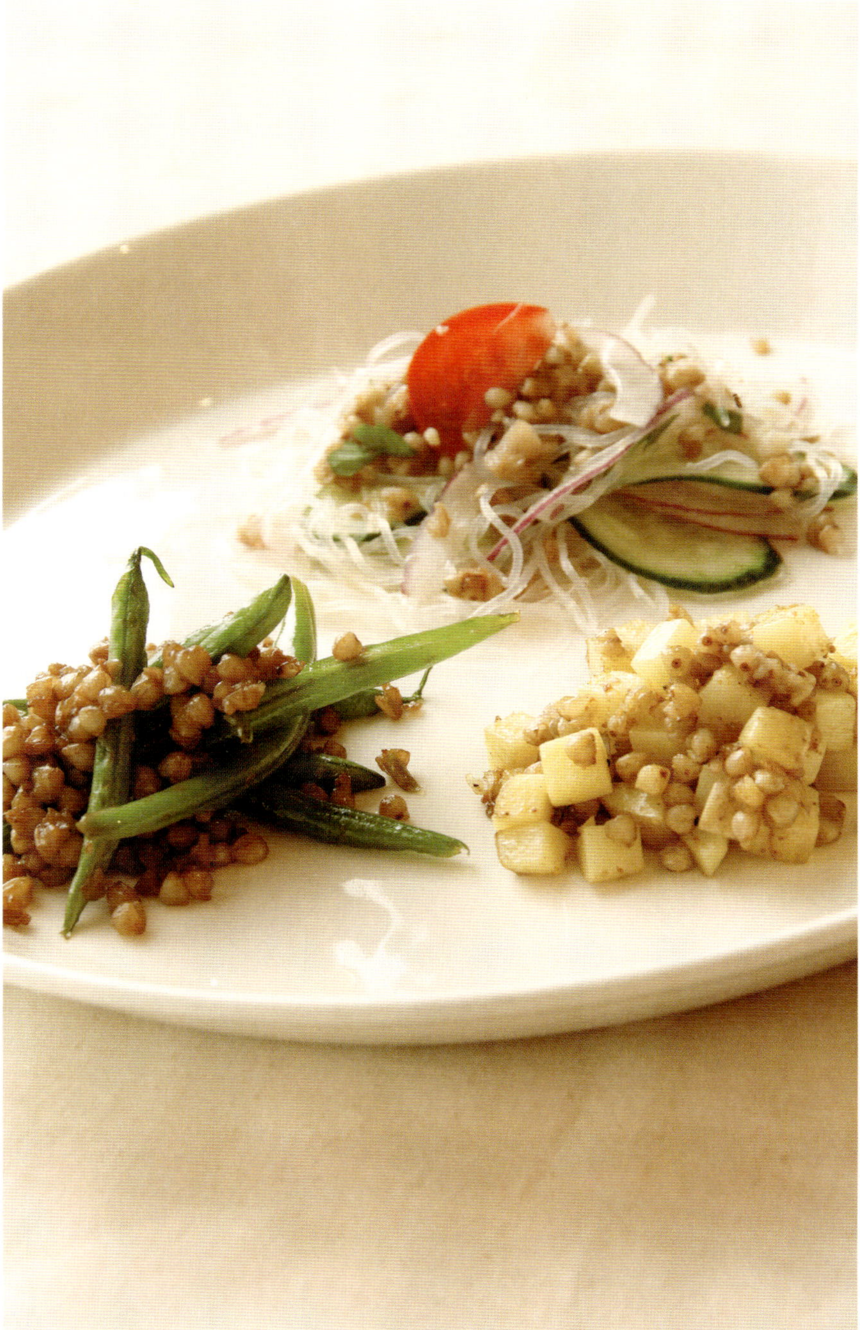

キャビアつぶつぶ
キヌア

透明なゴールドカラー
ソフトな粒感の
つぶつぶ

標高2500〜4000メートルのアンデスの高地で育つ雑穀。
繊維とカルシウムがとびぬけて多い。炊きあがりは透明感のある金色で、
歯ごたえがありながら、ふわっとしたおいしさが特徴。
ふやけないので、トッピング食材として活躍します。
マリネにすればやわらかさを保ったまま保存でき、気軽に雑穀のある食卓が楽しめます。

基本の炊き方

材料(1単位:できあがりの量=約390g)
キヌア……1カップ
水……1と4/5カップ
自然塩……小さじ1/4

❶ キヌアを強火でさっと煎る。

❷ 水と塩を加え、沸騰したらフタをして、中火で5分、とろ火にして15分炊く。

❸ 炊きあがったら火からおろして10分蒸らし、木べらでさっくり混ぜ、風を入れる。

キヌアの唐揚げ

キヌアと白キクラゲ、透明食材を取り合わせた
さっくりコリッの唐揚げ

材料(20個分)
炊いたキヌア……1/2単位(P48)
白キクラゲ……5g
タマネギ……100g
植物油(P84 ★)……小さじ1
自然塩……小さじ1/8＋小さじ1/2
コリアンダー粉……小さじ1/2
小麦粉……3/4カップ
揚げ油(P84 ★)……適量

作り方
1 白キクラゲは水につけて戻し、ザルにあげて水をきり、1cm幅にザクザク切る。タマネギは粗いみじん切りにする。
2 タマネギを油でさっと炒め、塩小さじ1/8をふる。
3 ボウルに炊いたキヌア、白キクラゲ、2のタマネギ、塩小さじ1/2、コリアンダー粉、小麦粉の順に入れて混ぜ、一口大にまとめて、すぐに170℃の油で揚げる。

＊ コリアンダー粉のかわりにこしょうでもよい。

キヌアの和えもの

キヌアの透明な金色が
食材を引き立てる美しい和えもの

材料（4人分）
炊いたキヌア……1/4単位（P48）
キヌサヤ……80g
白キクラゲ……8g
フノリ……3g

[ドレッシング]
薄口しょう油……大さじ1
白たまり……大さじ1
水……大さじ2

作り方
1 白キクラゲは水につけて戻してから、熱湯で1分ゆでてザルにあげ、食べやすい大きさに切る。フノリは水にさっとつけ、すぐ水をきる。キヌサヤはゆでる。
2 ドレッシングの材料を合わせる。
3 1と炊いたキヌアを混ぜて、2のドレッシングで和え、皿に盛る。

Point
油っこいメインディッシュにそえるサラダに向く、うま味たっぷりのノンオイルドレッシングです。濃いものから順に混ぜます。しょう油を水で割るだけでもいいです。

キヌアマリネ3種

保存のきくキヌアのニンニク風味マリネの活用で食卓が華やぐ

キヌアマリネ

材料
炊いたキヌア……1/4単位（P48）

［マリネ液］
オリーブ油……大さじ2
薄口しょう油・梅酢・純米酒……各大さじ1と小さじ1
水……大さじ6
ニンニク……適量
ネギ……適量

作り方
1 ニンニクはおろして、ネギはみじん切りにする。
2 マリネ液の材料を合わせ、炊いたキヌアをつける。
* 多めに作ってストックしておくと、なんにでもかけられて便利です。
* 写真は、上から「戻した海藻サラダにトッピング」、「薄切りコンニャクにトッピング」、「タマネギスライスにトッピング」です。

たらこつぶつぶ
アマランサス

プチプチキュッキュッ
たらこを超える
つぶつぶ

粒はあんパンについている芥子粒そっくり。
たらこのようなプチプチ感が楽しめる雑穀がアマランサスです。
日本の雑穀と違って、ふやけることがないので、
炊きたてを調味液につけてマリネにしておけば、
パンなどにのせてカナッペにしたり、
サラダドレッシングやトッピングとして多彩に活用できます。

基本の炊き方

材料（1単位：できあがりの量＝約500g）
アマランサス……1カップ
水……3カップ
自然塩……小さじ1と1/3
生姜……20g

❶ 生姜は、皮ごと3mmの厚さに切る。

❷ 鍋にアマランサスを入れ、強火でさっと煎る。

❸ ❷の鍋に水、塩、生姜を入れ、強火で煮る。

❹ 沸騰したらフタをして、吹きこぼれない程度の
中火で5分、とろ火で20分炊く。

❺ 炊きあがったら生姜を取り出し、木べらでさっ
くり混ぜ、風を入れる。

アマランサス丼

海鮮丼に見立ててのせるだけなのに、このうまさは、なんだ！

材料（4～6人分）
炊いたアマランサス……1/3単位（P52）
キュウリ……1/2本
フノリ……2g
青ジソ……3枚
焼き海苔……1枚
ごはん……茶椀4～6杯分
ワサビしょう油（または生姜しょう油）……適量

作り方
1 キュウリは薄い半月切り、フノリは水にさっとつけ、水をきる。青ジソと焼き海苔は千切りにしておく。
2 ごはんを盛り、上に炊いたアマランサスと1を盛り、好みでワサビしょう油などをかけていただく。

Point
フノリは、水に入れてすぐに水をきるのがポイント。水につけすぎると、溶けてしまいます。ふんわりやさしく戻ったフノリは、サラダやスープに彩りと風味をそえます。

アマランサスマリネ3種

ディップや和え衣として活躍するマリネは
しょう油と梅酢とごま油につけるだけ

アマランサスマリネ

材料(できあがりの量=約230g)
炊いたアマランサス……1/3単位(P52)

[マリネ液]
しょう油……大さじ2
梅酢……小さじ1と1/2
ごま油……大さじ1

作り方
1 マリネ液の材料を合わせる。
2 1に炊いたアマランサスをつける。

スティック野菜&アマランサスマリネ

作り方
大根、ニンジンをスティック状に切り、アマランサスマリネをつけて食べる。

山芋&ワカメの和えもの

作り方
山芋の短冊切り20g、戻して一口大に切ったワカメ70gとアマランサスマリネ80gを混ぜる。

アマランサスマリネのカナッペ

作り方
輪切りにして軽く塩をふったトマト、1%の塩をして蒸した輪切りのズッキーニの上にアマランサスマリネをのせる。

つぶつぶタラモサラダ

ほんとにタラモサラダみたいだ！
本物よりおいしいと評判、梅酢の酸味がきいている

材料（4〜6人分）
炊いたアマランサス
　……1/3単位（P52）
ジャガイモ……400g
梅酢……大さじ1
菜種油……大さじ2

作り方
1　梅酢と菜種油を合わせ、炊いたアマランサスを入れて味をしみ込ませる。
2　塩少々（分量外）を加えた水で皮ごと4つに切ったジャガイモをゆでる。竹串がすうっと通るくらいにゆであがったら、熱いうちに皮ごとつぶす。
3　つぶしたジャガイモに1のアマランサスを加え、混ぜ合わせる。

Column-1　炊いた雑穀のかしこい活用術

雑穀は、調理後も冷蔵庫で1週間ほど保存できます。
冷めてもおいしく、時間がたっても味が落ちないすぐれものの食材です。
週に一度、今週はこれと決めた雑穀を1～2種類炊いて、冷蔵庫に入れておけば、
短時間で手軽につぶつぶ料理を楽しむことができます。

●基本は冷蔵保存

まずは、炊きたてがおいしい料理を最初に楽しんで、すぐに使わない分は、平らな容器に入れて冷まし、乾燥しないようにフタをして冷蔵しておきます。
1週間以内なら、冷凍しなくてもOKです。

●長く保存したい場合は冷凍

長期保存するときは、冷凍します。冷凍するときは、なるべく薄くまとめて冷凍すると、解凍がラクです。
1/2カップ分、1/3カップ分というように、量をメモしておくと、利用しやすくおすすめです。

●使い方

炒めものや煮込むときは、冷蔵庫から出して、そのまますぐ使えます。
あたためる際は、少量ならクッキングペーパーに包むか、小さなボウルなどに入れて、炊飯ジャーの中にごはんと一緒においておけば、すぐにほんわかあたたかくなります。

＊炊きたてを保温するときも、同じ方法でできます。

量が多い場合や冷凍したものは、蒸籠で蒸して使います。おいしいうちに冷まして冷蔵したり、冷凍した雑穀は、蒸すと炊きたてのおいしさにすぐに戻ります。

＊残った雑穀が乾いてカピカピになってしまっても大丈夫！　スープに入れて一緒に煮込めば、おいしく活用できます。

＊炊いた雑穀同様に、雑穀が主役のつぶつぶ料理も冷めてもおいしく、時間がたっても味がおちません。残っても、冷蔵しておいて、2～3日後にオーブンで焼き直したり、蒸し直したりすれば、できたてと同じおいしさに戻るので、便利です。冷凍しても、味の劣化がほとんどないので、安心です。

一鍋で3度おいしい

つぶつぶおかず

応用編

フタを開けたらできあがり、野菜と一緒に炊いて活用する！

雑穀と野菜に塩をきかせて一緒に炊くと、多彩なつぶつぶおかずができあがります。穀物と一緒に炊いた野菜のおいしさはとびきりです。そしてさらに、多彩な変身料理を楽しむことができます。

高キビチリビーンズ

赤茶色の高キビと金時豆が鍋の中で融け合ったメキシカンソース

材料(1単位：できあがりの量＝約700g)

- 高キビ……1/2カップ
- 金時豆……1/2カップ
- 大根・ニンジン……各100g
- タマネギ……3/4個
- トマト……150g
- ニンニク……1かけ
- チリパウダー……小さじ1
- オレガノ……小さじ1/2
- クミンパウダー……小さじ1/4
- 植物油(P84 ★)……大さじ1＋大さじ1
- 水……1と1/2カップ
- 昆布……3cm角
- 自然塩……小さじ1
- しょう油……大さじ1
- 麦味噌……大さじ2

作り方

1. 金時豆は、たっぷりの熱湯に30分ぐらいつけておく。高キビは、洗ってザルにあげる。

2. 大根とニンジンをそれぞれ70gずつ5mm角のみじん切りにし、残りの30gずつは、タテヨコ5mmに切ったあと、煮えやすいように薄く切る。タマネギ、トマト、ニンニクは、みじん切りにする。

3. 圧力鍋に油大さじ1とニンニクを入れて火にかけ、香りがしてきたらタマネギ1/2個分を入れてさっと炒め、さらにチリパウダー、オレガノ、クミンパウダーを入れて炒める。

4. 3に油大さじ1を加え、大根、ニンジン各70g、高キビ、トマトの順に入れて炒める。全体に熱がまわったら、水、水きりした金時豆、昆布、塩を入れて圧力をかける。

5. 蒸気が上がってきたら、一呼吸おいてからおもりをのせる。おもりが回り始めたら30秒ほど待って、中弱火にして5分煮る。

6. さらに、おもりが少し動く程度の弱火にして、10分煮て、火からおろす。10分蒸らして、フタを開け、残りの野菜（大根・ニンジン各30g、タマネギ1/4個分）と味噌、しょう油を入れる。ときどきかき混ぜながら中火で5分以上煮込む。

＊ オレガノ、クミンパウダーは入れなくてもOK。チリパウダーのかわりに唐辛子でもよい。

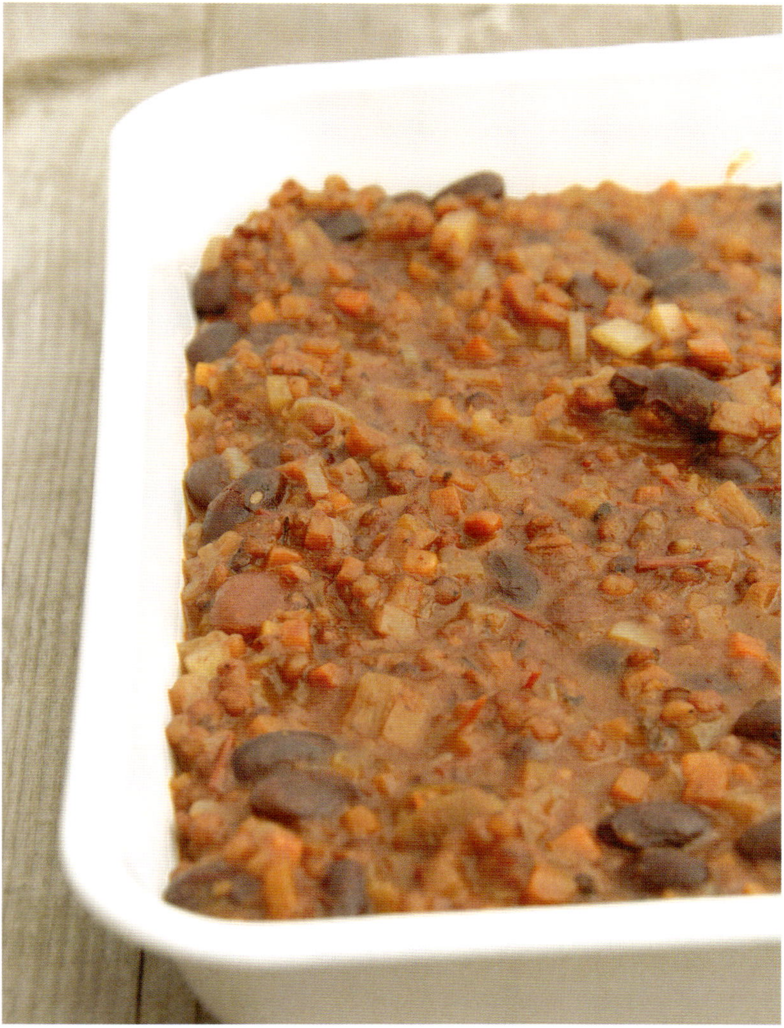

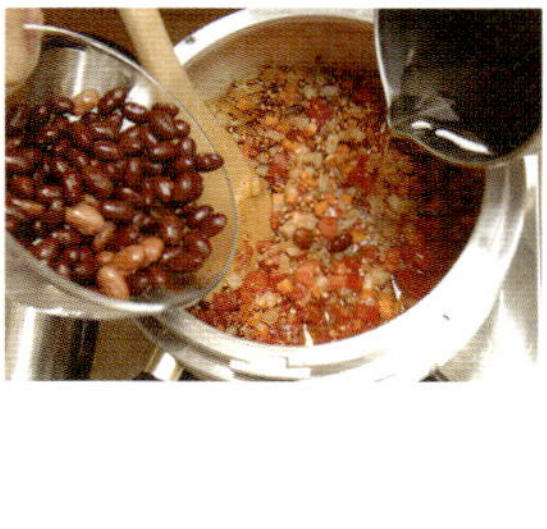

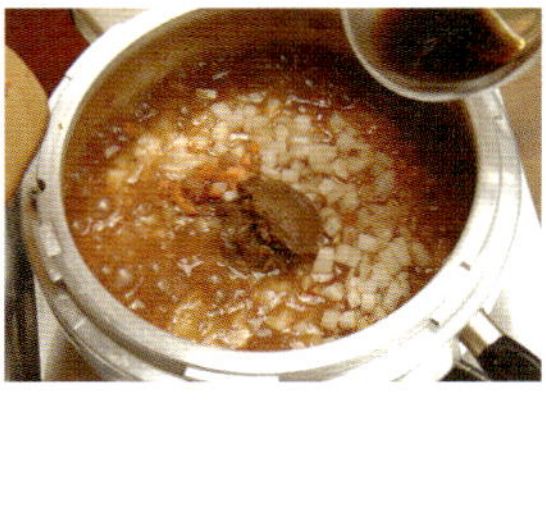

高キビチリビーンズ & トルティーリャ

トウモロコシの粉を煮て作る
スペシャルトルティーリャで包んで

材料
高キビチリビーンズ
　……適量(P58)

[トルティーリャ](6枚分)
トウモロコシ粉……1/2カップ
自然塩……小さじ1/4
熱湯……3/4カップ
小麦粉(打ち粉)……適量

作り方
1 熱湯に塩とトウモロコシ粉を入れ、一気に練り混ぜる。
2 粗熱がとれたら、6等分して丸める。
3 2のまわりに小麦粉をたっぷりつけて、麺棒で約12cmの円形にのばす。このとき、タテヨコ裏返しながら、小麦粉をまぶしては力を入れすぎず、5回くらいでのばす。
4 熱したフライパンにのせて、生地がほぼ焼けて空気が入ってふくらむ感じになったら裏返し、プーっと全体がふくれるまで焼く。
5 トルティーリャに好みの量の高キビチリビーンズをくるんでいただく。

ベイクドポテトの高キビチリソース

皮ごと焼き上げたホクホクジャガイモに
たっぷりトッピングして

材料(4個分)
高キビチリビーンズ
　　……適量(P58)
ジャガイモ……4個(350g)
自然塩……小さじ3/4
　（ジャガイモの重量の1%）
菜種油……適量

作り方
1. よく洗って水をきったジャガイモに、塩をしっかりまぶし、丸ごと鉄板の上にのせて200℃のオーブンで15分焼く。
2. 焼きあがったら、ジャガイモに十文字の切れ目を入れて、上から菜種油をたっぷり塗り、オーブンに戻して10〜15分焼く。
3. 焼き色がつき、中まで火が通ったら、熱々のベイクドポテトに好みの量の熱々の高キビチリビーンズをかけていただく。

Point
塩と菜種油をたっぷりまぶして、皮ごと焼いたジャガイモは、それだけでごちそうです。ホックリ焼けたら、切れ目をぐっと開けて、高キビチリビーンズをたっぷりのせます。

高キビ味噌ジャガ

ジャガイモと高キビと麦味噌を一緒に炊いてホッカホカのそぼろ煮

材料（1単位：できあがりの量＝約900g）
高キビ……1/2カップ
ジャガイモ……750g
植物油（P84 ★）……大さじ1
水……1カップ
昆布……5cm角
自然塩……小さじ3/4
麦味噌……75g

作り方

1　高キビは洗ってザルにあげる。

2　圧力鍋に油を熱して、芽を取った皮つきジャガイモを入れる。

3　ジャガイモの表面全体に油がまわったら、高キビを加え、さっと混ぜる。

4　3に水、昆布を加えて塩をふり、味噌をジャガイモの上にのせてフタをする。

5　蒸気が上がってきたら、一呼吸おいてからおもりをのせる。おもりが回り始めたら30秒ほど待って、中弱火にして5分煮る。

6　さらに、おもりが少し動く程度の弱火にして、10分煮て、火からおろす。

7　圧が抜けたらフタを開け、再び火にかける。全体を混ぜながら、水分がなくなるまで煮詰める。

8　食べやすい大きさに切って、皿に盛る。

＊　昆布は細く切って、もう一品のおかずにします。

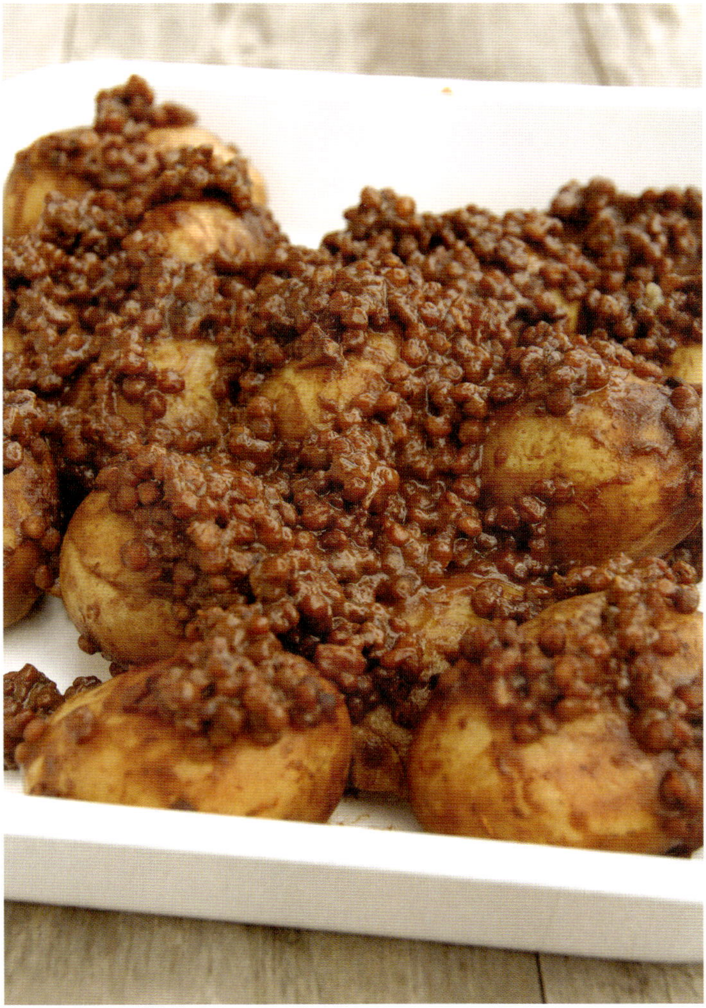

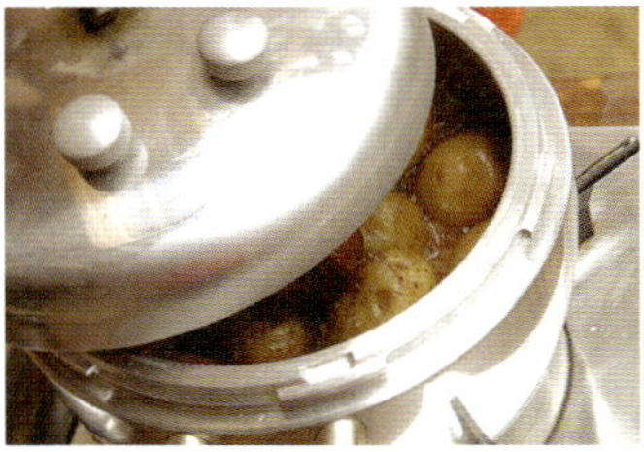

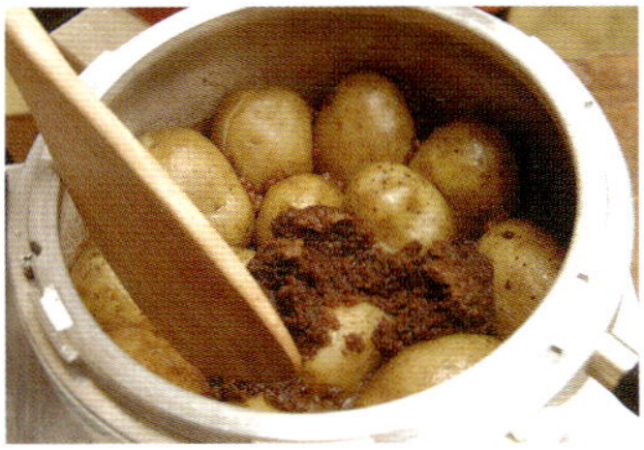

高キビ味噌ジャガの香草焼き

天然酵母のパン粉に菜種油とパセリを混ぜ
ふりかけて焼くだけ

材料(4人分)
高キビ味噌ジャガ……1/3単位(P62)
パン粉……1/2カップ
パセリ(きざんだもの)……1/4カップ
菜種油……大さじ1

作り方
1 高キビ味噌ジャガをスライスし、耐熱皿に並べる。
2 パン粉、パセリ、菜種油を混ぜ合わせて、1にたっぷりかけ、200℃のオーブンで10分焼く。

高キビ味噌ジャガのリッチメンチカツ

高キビ味噌ジャガを粗つぶしにしたら挽肉たっぷりのメンチカツ風に

材料(4個分)
高キビ味噌ジャガ……1/3単位(P62)
白こしょう(好みで)……適量
パン粉……適量
揚げ油(P84 ★)……適量

[溶き粉]
小麦粉……1/2カップ
自然塩……小さじ1/4
水……1/3カップ強

作り方
1 高キビ味噌ジャガに好みで白こしょうを加え、ナイフで切り混ぜる。このとき、完全につぶしたり混ぜたりしないで、粗いつぶし方でOK。
2 4個に分けてコロッケ型にまとめ、溶き粉とパン粉をつけて、180℃の油でカラリと揚げる。

ヒエとカブのクリーム煮

ほわほわのヒエの中で透明に炊きあがったカブが舌にとろける

材料(1単位:できあがりの量=約960g)
ヒエ……1カップ
カブ……200g
シメジ……300g
水……3カップ
自然塩……小さじ2と2/3

作り方

1　カブは1/6の櫛形に切る。シメジはほぐす。

2　鍋に1と水を入れて火にかけ、沸騰したら、洗ったヒエと塩を加えて、かき混ぜながら強火で水分がなくなるまで煮る。

3　フタをしてとろ火で15分炊く。

4　火からおろして10分蒸らし、大きく混ぜる。

Point　カブは皮ごと切ります。この厚みがうま味のポイント。

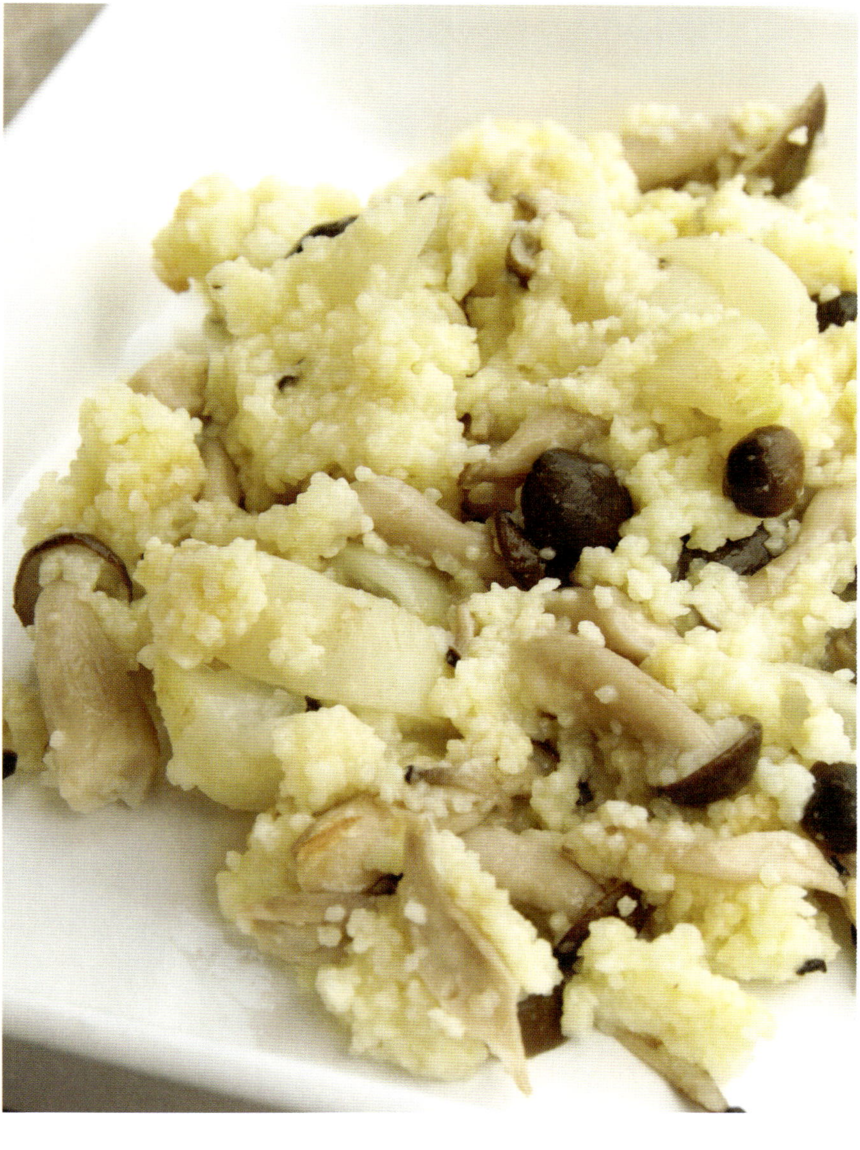

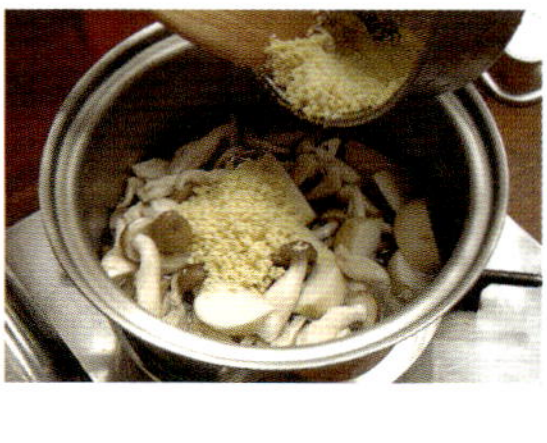

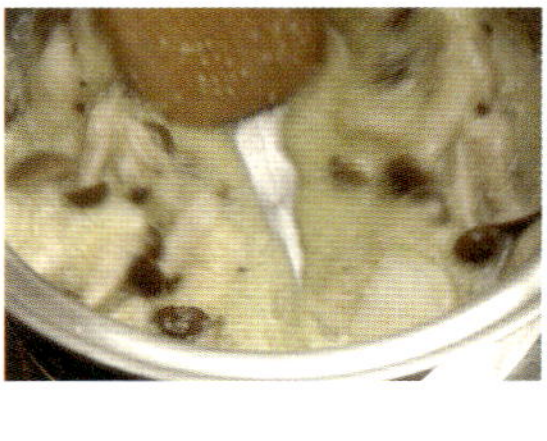

ヒエのクリーミーコロッケ

エビ入りクリームコロッケも顔負けの
つぶつぶクリーミーコロッケが簡単に

材料(8個分)
ヒエとカブのクリーム煮……1/3単位(P66)
パン粉……適量
揚げ油(P84 ★)……適量
味噌くずソース……適量(P91)

[溶き粉]
小麦粉……1/2カップ
自然塩……小さじ1/4
水……1/3カップ強

作り方
1 ヒエとカブのクリーム煮を8等分して握る。
2 1に溶き粉とパン粉をつけて、180℃の油でカラリと揚げる。
3 味噌くずソースをかけていただく。

Point
ナイフで具を細かく切り混ぜてから握ると、ふんわりと食べやすい、舌ざわりのよいおいしいコロッケになります。

ヒエクリームグラタン

熟したトマトとヒエクリームの
とろけるコンビネーション

材料(グラタン皿2つ分)
ヒエとカブのクリーム煮……1/3単位(P66)
豆乳……3/4カップ
トマト……中4個(400g)
自然塩……適量

作り方
1 ヒエとカブのクリーム煮に豆乳を加え、クリームソースを作る。
2 トマトを一口大に切り、グラタン皿に並べ、塩をふる。
3 2の上に1のソースをかけ、230℃のオーブンで15分焼く。
＊ 夏野菜のラタトゥイユやチリビーンズで作ってもおいしい！

ヒエソバ大根

日本ならではの3種の食材を一緒に炊いたら不思議なおいしさのハーモニーが

材料（1単位：できあがりの量＝約540g）
ヒエ……1/4カップ
粒ソバ……1/4カップ
大根……250g
生姜（みじん切りにしたもの）……小さじ1
植物油（P84 ★）……大さじ1
水……1カップ
自然塩……小さじ1と1/4
しょう油……小さじ2

作り方

1 ヒエは洗ってザルにあげる。大根は5mm角に切る。

2 鍋に油を熱して生姜を炒め、香りがしてきたら、大根を加えてさっと炒める。ヒエと粒ソバを入れ、全体に油がまわったら、水と塩、しょう油を加えてかき混ぜ、強火にかける。

3 煮立ったらフタをして、中火で5分、とろ火で15分炊く。

4 火からおろして10分蒸らし、大きく混ぜる。

Point 大根の大きさが、おいしさのポイントです。

71

ヒエソバ大根のパイ

パイ生地に包んで焼くと
意外と洋風なスパイシーテイストのスナックに

材料(8個分)
ヒエソバ大根……160g(P70)

[パイ生地]
ヒエ粉……20g
小麦粉……80g
自然塩……小さじ1/4
植物油(P84 ★)……大さじ1
水……大さじ2

作り方
1 粉類と塩を一緒にザルでふるう。
2 ボウルに1を入れ、油を加えて、箸で素早く混ぜ合わせる。
3 2のあちこちに水をふりかけ、箸でそぼろ状になるまでかき混ぜ、練らないようにひとつにまとめる。
4 3を8等分して丸くのばし、8等分したヒエソバ大根(20gずつ)を包み、フォークで縁をきっちり押さえる。
5 180℃のオーブンで10分焼く。

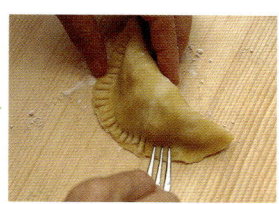

ヒエソバ大根のつくね

小麦粉を加えて蒸して握ると、つくねに変身!
串にさして、たれをからめて

材料(1串3個×8本分)
ヒエソバ大根……180g(P70)
小麦粉……15g
照り焼きのたれ……適量(P91)

作り方
1 ヒエソバ大根に小麦粉を混ぜ、蒸気の上がった蒸し器にクッキングペーパーをしいて、8分蒸す。
2 1を24個に握り、串に3個ずつさす。
3 照り焼きのたれを塗る。
＊ 串にさしたつくねが冷めていたら、オーブントースターなどで焼いてから、たれを塗ります。

もちキビポテト

皮つきジャガイモに卵風味のもちキビがからんでほっくりトロリ

材料(1単位：できあがりの量＝約900g)
もちキビ……1/2カップ
ジャガイモ……500g
タマネギ……1個
植物油(P84 ★)……大さじ1
水……1カップ
自然塩……小さじ1と1/2

作り方

1 もちキビは洗ってザルにあげる。

2 ジャガイモは気になる芽を取り、皮ごと8つ割りに切る。タマネギは少し厚めのまわし切りにする（大きいときはヨコ半分に切ってから）。

3 油を熱してジャガイモを炒める。ジャガイモの表面に油がまわったら、タマネギを加えてさっと炒め、さらに水を加えて煮立てる。

4 沸騰したらもちキビと塩を加えて、かき混ぜながら強火で水分がほとんどなくなるまで煮る。

5 フタをしてとろ火で20分煮る。火からおろし、10分蒸らして大きく混ぜる。

＊ そのままでもおいしい一品ですが、薄口しょう油大さじ1をふると、さらにおいしいおかずになります。

Point 野菜の切り方と大きさが、おいしさのポイントです。ジャガイモは、皮つきが断然おいしい！

75

もちキビサモサ

カレー粉を加え、5分で作れるパイ皮に包んで
さっと揚げるだけの本格サモサ

材料(8個分)
もちキビポテト……1/3量(P74)
インゲン……30g
カレー粉……小さじ1
自然塩……小さじ1/4
揚げ油(P84 ★)……適量
赤タマネギ
　(スライスしたもの)……適量
キャロットソース(P90)……適量

[パイ生地]
アワ粉…20g
小麦粉……80g
自然塩……小さじ1/4
植物油(P84 ★)……大さじ1
水……大さじ2

作り方
1. インゲンはゆでて2cmの長さに切る。
2. もちキビポテトに1のインゲン、カレー粉、塩を混ぜておく。
3. ヒエソバ大根のパイ(P72)の要領でパイ生地を作り、4等分にする。直径約12cmの円形にのばし、半分に切る。
4. 3の半円に2の1/8量をのせ、半分に折りたたんで直線部分をとじる。
5. 4の合わせたところが、真ん中にくるように円周部分もとじる。
6. 180℃の油で揚げる。
7. スライスした赤タマネギをそえ、キャロットソースをつけていただく。

もちキビペペロンチーノ

シメジ入りのペペロンチーノソースをかけると
大人気の本格イタリアンディッシュに

材料
もちキビポテト……1/3量(P74)

[ペペロンチーノソース]
ニンニク……2片(8g)
赤唐辛子……1本
シメジ……50g
オリーブ油……大さじ2
熱湯……大さじ2
自然塩……小さじ1/2

作り方
1. ニンニクは繊維に直角に2mmの薄切りにする。赤唐辛子は種を取って、みじん切りにする。シメジはほぐしておく。
2. フライパンにオリーブ油と1のニンニクを入れて、中弱火にかける。
3. ニンニクの一部がキツネ色になり始めたら、1の赤唐辛子を入れ、熱湯と塩を一気に加えて、手早くかき混ぜる。シメジも加えて、さらによく混ぜ、油と湯をなじませる。
4. 3の熱々のソースを、もちキビポテトにかける。

根菜のもちアワ煮

とろ～りもちアワのからんだ千切り根菜の風味と歯ごたえが絶品の中華味

材料(1単位：できあがりの量＝約860g)

もちアワ……1カップ
ゴボウ……60g
ネギ……160g
大根……160g
ニンジン……80g
干しシイタケ……5～6枚
生姜……15g
ごま油……大さじ3
水(干ししいたけの戻し汁と合わせて)
　……2と1/2カップ
昆布……5cm
自然塩……大さじ1
しょう油……大さじ1

作り方

1. すべての野菜を皮ごと千切りにする。干しシイタケは、ぬるま湯で戻して、薄切りにする。もちアワを洗ってザルにあげる。

2. 油を熱してゴボウを炒める。アクがとんでよい香りがしてきたら、生姜、ネギ、干しシイタケ、大根、ニンジンの順に加えて、全体に油がまわるまで炒める。

3. 2の鍋に水と昆布を加えて煮立て、塩ともちアワを入れ、さらにしょう油も加える。かき混ぜながら、強火で水分がほとんどなくなり、鍋の底が見えてくるまで煮る。

4. フタをして弱火で15分炊く（クッキングマットをしくと便利）。

5. 火からおろして10分蒸らしたら、大きく混ぜておく。

Point 千切りの長さをそろえます。

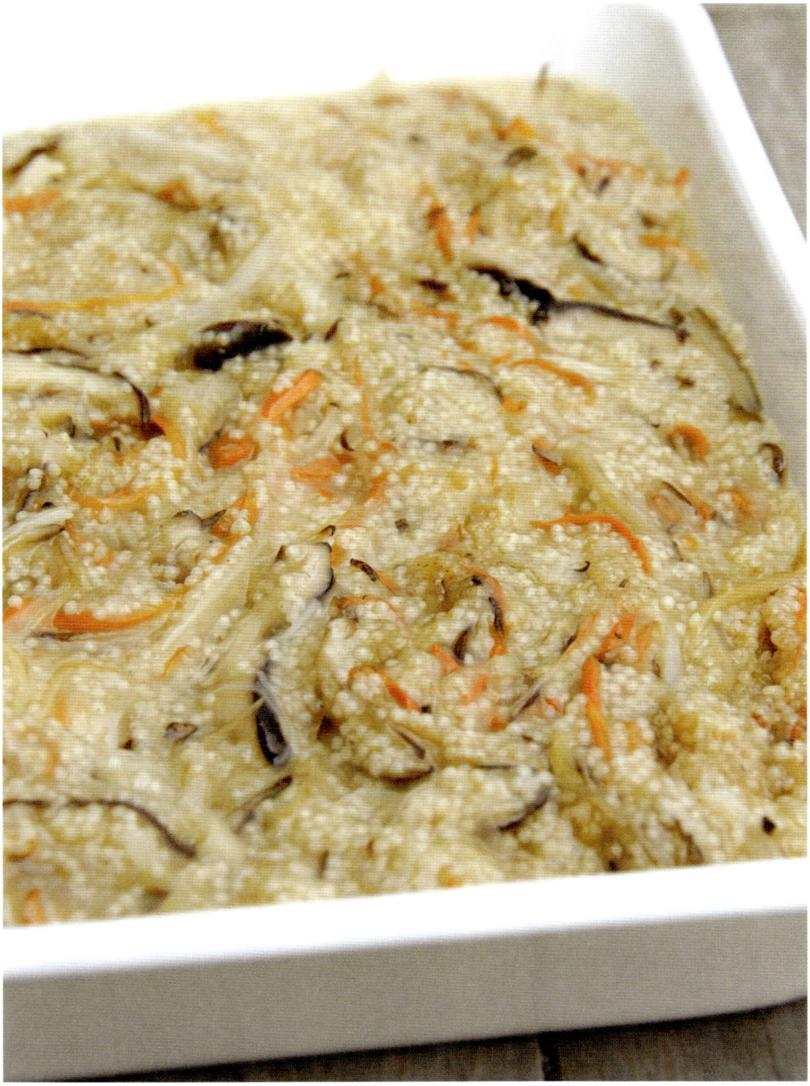

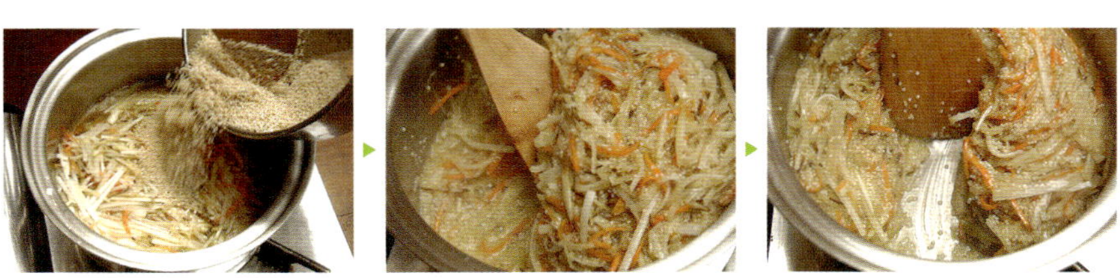

もちアワの袋煮

油揚げに包んでコトコト煮込むと
心あたたまるおもてなし料理に

材料(6個分)
根菜のもちアワ煮……1/3単位(P78)
油揚げ……3枚
水……2カップ
しょう油……大さじ2
純米酒……大さじ2
昆布……5cm
キヌサヤ……6枚

作り方
1 油揚げの上を箸でコロコロ転がし、袋を開きやすくしてから、半分に切る。
2 1に根菜のもちアワ煮を詰め、楊枝でとめる。
3 鍋に水、しょう油、酒、昆布を入れ、2を並べる。
4 火にかけて沸騰したら、中弱火で4分煮る。
5 器に盛って、さっとゆがいたキヌサヤをのせる。

もちアワ春巻き

春雨を加えてサクサク皮ともちもちの具の
コントラストが絶品！

材料（10個分）
根菜のもちアワ煮……1/3単位（P78）
緑豆春雨……25g
春巻きの皮……10枚
揚げ油（P84 ★）……適量

［溶き粉］
小麦粉……大さじ1
水……小さじ2

作り方
1 春雨は熱湯で3分ゆでて、食べやすい大きさに切る。
2 根菜のもちアワ煮に1の春雨を混ぜる。
3 2を10等分して春巻きの皮に包み、綴じ目を溶き粉でとめる。
4 180℃の油でカラリと揚げる。

Point
具を春巻きの皮の上にヨコに細長く広げる。空気を含むように、長方形に皮をたたむ感じで包むと、形よく、おいしくできあがります。

Column-2　なんでもコフタに！

炊いた雑穀に、好みの野菜などを切ったりおろしたりして加え、自然塩（味噌、しょう油）で味を調え、見た目で3分の1の小麦粉をさっくり混ぜて握ると、オリジナルのコフタが楽しめます。
コフタは一番簡単なつぶつぶおかずです。残り物の野菜や食材と食べ残した雑穀で気軽にチャレンジしてみましょう。どんな組み合わせでも、意外とおいしくできて、感動します。
また、野菜と一緒に、炊いた雑穀を小麦粉でつなぐと、もっと簡単にいろいろなコフタが楽しめます。

＊コフタは、インドの言葉で団子のこと。

●高キビとキュウリのコフタ

材料
炊いた高キビ……80g（P12）
キュウリ……1本（250g）
黒豆きな粉……50g
自然塩……小さじ1/4
揚げ油（P84 ★）……適量

作り方
1　粗くおろして軽く水をきったキュウリに炊いた高キビ、黒豆きな粉、塩を混ぜ合わせる。
2　1個15gに丸め、180℃の油でカラリと揚げる。

●アマランサスとレタスのコフタ

材料
炊いたアマランサス……80g（P52）
レタス……30g
しょう油……小さじ1/2
小麦粉……大さじ2
揚げ油（P84 ★）……適量

作り方
1　炊いたアマランサスに8mm角に切ったレタスとしょう油を加え、よく混ぜる。さらに小麦粉を加え、さっと混ぜ合わせる。
2　1個15gに丸め、180℃の油でカラリと揚げる。

つぶつぶおかず
ここがポイント!

日々、雑穀とつきあってみてわかった、
舌にも体にもおいしいつぶつぶおかず作りの
ポイントを紹介します。

生命力がぎっしり詰まった雑穀や野菜たち、
そして、とびきりの調味料がそれぞれ個性を
主張しながら、鍋の中で融け合って、今、ここ、
のおいしさが生まれていくのを見守る幸せな
時間こそが、グルメだなぁといつも実感します。

つぶつぶおかずを おいしく作る **7つ**のポイント

雑穀の料理法は、肉や野菜の料理法とはまったく違います。頭をまっさらにして、レシピをガイドに、雑穀ならではの深くやさしい風味を引き出す技を体得しましょう。

1. 植物性食材にこだわる

ぜひ、植物性の食材にこだわってください。生の雑穀80gに野菜250gの組み合わせが、味と栄養バランスの目安です。動物性の食品を混ぜて使うと、雑穀特有の深いおいしさが打ち消されてしまいます。

2. 本物の伝統調味料を使う

調味料の基本は、自然塩、味噌、しょう油、梅酢、圧搾しぼりの植物油、純米酒です。雑穀があれば、これだけで、和洋中華エスニック、なんでも作れてしまうから不思議です。おいしい本物をそろえましょう。

3. 塩加減が決め手

おいしさは、じつは料理の塩加減＝ミネラルバランスが、体の欲求に合っていることを感知するためのセンサーです。きちんと計量して入れましょう。小さじ1の塩は5g、大さじ1の塩は15g、しょう油の塩分は塩の1/6、味噌の塩分は塩の1/9です。塩を減らすと、家族が食べてくれないまずいおかずになってしまいます。

4. 砂糖を使わない

砂糖や蜂蜜、メープルシロップなどの強い甘味料を使うと、雑穀の自然で深い甘さが打ち消されてしまいます。雑穀や野菜の心地よい甘さを引き出し、また、適度におさえて料理します。

5. 皮ごと丸ごとクッキング

野菜を皮ごと煮ると、早く煮えます。栄養素がチームワークを発揮して、無駄なく吸収され、完全燃焼します。キッチンにも体の中にも、ゴミを残さないクリーン＆エコ・クッキングです。

6. 食感を演出する

雑穀は、もちもちふんわりの食感をもっています。クルミなどの木の実や、ごまなどの種子、キクラゲ、ゴボウ、レンコンなど、歯ごたえのある食材で食感を演出すると、満足度の高いおかずになります。

7. 菜種油7：ごま油3

油は伝統の製法で搾っただけの植物油★を使います。基本は、菜種油7：ごま油3の割合で混ぜて使います。菜種油は、欠乏しているα-リノレン酸という必須脂肪酸が豊富。また、ごま油は薬効成分が豊富で抗酸化力が高い油です。料理によっては、それぞれ単独で使って風味を楽しみます。

つぶつぶおかずを活かす
つけ合わせレシピ 1

●蒸し野菜

一口大に切った皮つき根菜に自然塩をふって、すぐに、蒸すだけでおいしいつけ合わせができます。色も形も歯ごたえも多彩、素の味わいでつぶつぶおかずのおいしさを引き立てるつけ合わせです。
また、そのままパクパクおつまみとしていただいてもおいしい一品です。残ったら、フライや天ぷらなどにして、メインディッシュとしても楽しめます。

材料
大根………適量
自然塩……大根の1%

材料
ゴボウ……適量
自然塩……ゴボウの2%

材料
ニンジン……適量
自然塩………ニンジンの1%

材料
レンコン……適量
自然塩………レンコンの2%

作り方
1. 蒸し器に、一口大に切って塩をまぶした大根、レンコンを入れて火にかけ、沸騰してから10分蒸す。
2. 1の蒸し器に、一口大に切り、塩をまぶしてすぐのニンジン、ゴボウを加えてさらに10分蒸す。
3. ザルなどに出して冷まし、フタつき容器で保存する。

塩加減

1%の塩グループ	2%の塩グループ
大根 ニンジン	ゴボウ レンコン

蒸し加減

10分蒸すグループ	20分蒸すグループ
ニンジン ゴボウ	大根 レンコン

つぶつぶおかず
いのちを目覚めさせるバランス献立 **7つ** のポイント

**毎日、楽しくっておいしくって、
心も体もエネルギーに満ちる
つぶつぶクッキング!**

キッチンに雑穀を育てた大地のぬくもり、お日様の熱いエネルギー、
雨、風、大地をうるおす水の流れが伝わってきます。
つぶつぶおかずで体の元気を目覚めさせる、
バランスのいい献立の立て方「7つのポイント」を紹介します。

POINT 1
頭の切り替え

　人のいのちを育む一番の食べものは、主食である「ごはん」です。そして、高温多湿の日本の風土を生き抜く食事の決め手は、毎日、「海藻入りの味噌汁」を飲み、毎食、「漬け物」を欠かさないことです。頭を切り替えて、「雑穀入りごはんと味噌汁と漬け物で完全食」だということをハッキリ認識することが、献立づくりの第一ステップです。
「日本の歴史をひもとくと、数千年以上もの年月続いてきたヒエやアワと麦と大豆の輪作で、畑の地力も人の健康も守られてきたことがわかります。輪作によって、畑を最大限に活用できるうえに、土のバランスがとてもよくなって、連作障害も冷害も無縁の作物作りができたのです。そして、その収穫物で作る「雑穀ごはん」と、「麦麹で大豆を発酵させて作った麦味噌」に「海藻と旬の野菜を合わせた味噌汁」、そして「漬け物」を添えて食べる「大地の生命循環丸ごとの食生活」で、体の健康も保たれていました。昭和44年(1969年)まで雑穀食で、塩以外ほとんど自給して暮らしていたという村に住む岩手県のおばあちゃんは、「**あの頃は、病人なんていなかったなぁ。子どもも8人生みっぱなしで育った**」と語ります。

POINT 2

ごはん8割の食卓

穀物を8割食べることが、健康な体の土台をつくります。つぶつぶおかずがあれば、見た目は現代食なのに、伝統食のバランスをもった、心と体を同時に満たす穀物8割の食卓が楽々実現できます。

その秘密は、雑穀が、繊維、ミネラル、ビタミン、ポリフェノールに富むパーフェクトな栄養バランス食材だからです。繊維というと野菜と信じ込まされていますが、ほんとうの高繊維食品は穀物です。一粒にギュッと凝縮された穀物の細胞の壁が、食物繊維なのです。とくに、雑穀の繊維の多さには、目を見張るモノがあります。そして、一粒一粒に人の体を支えるほとんどの栄養が、絶妙のバランスで詰まっています。

たとえば、雑穀には1割近くのたんぱく質と約7割の炭水化物が含まれていますが、たんぱく質を消化するには、7倍の炭水化物が必要という体の生理とぴったり一致しています。しかも、雑穀のたんぱく質は必須アミノ酸のすべてが揃った消化のいい植物性たんぱく質なので、雑穀と味噌を組み合わせれば、たんぱく質は充分補給できます。また、ビタミン類やミネラル類の質とバランスも抜群です。

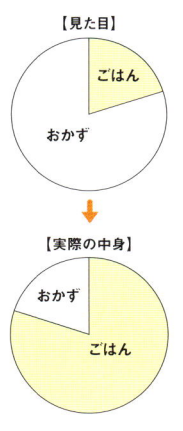

【見た目】
ごはん / おかず

【実際の中身】
おかず / ごはん

● ヒエ・アワ・キビ・高キビ・精白米の栄養成分比較（100gあたり）

	ヒエ	アワ	キビ	高キビ(もろこし)	精白米
エネルギー(kcal)	367	364	356	352	356
たんぱく質(g)	9.7	10.5	10.6	10.3	6.1
脂質(g)	3.7	2.7	1.7	4.7	0.9
炭水化物(g)	72.4	73.1	73.1	71.1	77.1
灰分(g)	1.1	1.2	0.6	1.9	0.4
ナトリウム(mg)	3	1	2	2	1
カリウム(mg)	240	280	170	590	88
カルシウム(mg)	7	14	9	16	5
マグネシウム(mg)	95	110	84	160	23
リン(mg)	280	280	160	430	94
鉄(mg)	1.6	4.8	2.1	3.3	0.8
亜鉛(mg)	2.7	2.7	2.7	2.7	1.4
ビタミンB1(mg)	0.05	0.2	0.15	0.35	0.08
ビタミンB2(mg)	0.03	0.07	0.05	0.1	0.02
ビタミンB6(mg)	0.17	0.18	0.2	0.31	0.12
食物繊維(総量)(g)	4.3	3.4	1.7	9.7	0.5

参考文献：文部科学省 科学技術・学術審議会 資源調査分科会 報告「五訂増補日本食品標準成分表」

POINT 3
旬の野菜（山野草）、緑の野菜、根菜を組み合わせる

生で2割、おひたし、和えものなどさっと火を通した野菜4割、よく煮た野菜4割——これが、野菜の栄養を最大限に活用するバランスです。野菜全体の量は、調理後の見た目でごはんの2割と考えましょう。

根菜の代表である大根には、でんぷん消化酵素と繊維とミネラルがたっぷりで、葉っぱには葉緑素とカルシウムが豊富です。ニンジン、ゴボウ、レンコンなど、根菜類にはそれぞれ特有の薬効があり、歯ごたえのある個性的な食感を楽しみながら、ねばり強いタフな体を支えてくれます。

大根葉や菜っ葉やインゲンなど緑の野菜を食べて、血液の再生に欠かせない葉緑素を補給します。

旬の野菜や山野草は、住んでいる土地の気候にあった適応力や抵抗力をつくってくれます。輸入野菜や温室野菜では得られない大切な働きです。

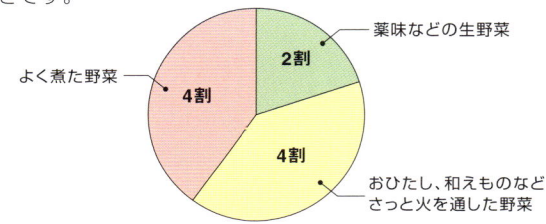

- 薬味などの生野菜 2割
- おひたし、和えものなどさっと火を通した野菜 4割
- よく煮た野菜 4割

POINT 4
海藻をかならず組み合わせる

毎日の味噌汁、サラダ、煮物、和えものに海藻を組み合わせると、雑穀の食卓でのパワーはさらに全開になります。

海藻には、体を浄化し、重金属などの有害物質や不要物質を追い出す働きがあるといわれています。美しく、しなやかな細胞の再生にも海藻の繊維が欠かせません。

日本は世界有数の海藻王国です。奈良時代の記録からは、宮廷では全国から集められた90種以上にもなる海藻を食べていたことがわかります。

気軽に海藻を取り入れるコツを、いくつかご紹介しましょう。青のり、のり、岩のり、アオサなどは、そのままおひたしにトッピングしたり、汁やサラダに入れて食べられます。フノリやアオサをさっと水に入れて水をきれば、サラダにもスープにも彩りと食感をそえながら、食卓の健康度を高めることができます。ワカメと煮合わせた野菜もおいしいものです。昆布は味噌汁や煮ものと一緒に煮て、やわらかくなったらまとめて佃煮に。ヒジキは熱湯で5分ゆでるだけでも、おいしく食べられます。

POINT 5
味噌を うま味調味料 として 活用する

　消化の悪いカリウムの多すぎる大豆を、麹菌、酵母菌、乳酸菌のチームワークで分解発酵した味噌は、一転して、繊維と脂肪に富む消化のいいタンパク源です。発酵の過程で酵素や抗酸化成分と種々のうま味成分や自然の芳香成分が生成されているので、栄養もたっぷりでおいしいという欲張りな調味料です。
　味噌を常食すると、腸内環境が整い、免疫力が高まり、老化も抑制されやすくなります。また、放射能や環境ホルモンを追い出す解毒力があるといわれています。天然のうま味栄養調味料として、どんどん活用しましょう。
　料理の最後の仕上げに、ほんの少量加えると、まろやかなコクが演出できます。

POINT 6
漬け物も うま味食材 として 毎食活用

　旬の野菜のエネルギーと栄養とうま味を、自然塩や味噌、しょう油、梅酢でとどめる技が漬け物術です。野菜を塩水につけると、すぐに乳酸発酵が始まります。
　毎日、漬け物を食べて、腸内の乳酸菌を健康に保って病原菌から身を守るのが、湿度の高いカビのはえる国、日本で生き抜く伝統の知恵でした。
　いまは、漬け物の重要性がすっかり忘れられているので、若者や子どもたちは漬け物を食べなくなっています。
　発酵熟成させたおいしい漬け物には、繊維と酵素と乳酸菌とうま味成分がいっぱいなので、アンチョビーや塩漬けオリーブのように、うま味食材としてきざんで料理に使うことをおすすめします。知らないうちに健康になり、味覚もよくなることでしょう。

POINT 7
ごま、エゴマ、 クルミなどの 種子や木の実を 毎日少量加える

　つぶつぶおかずの重要な脇役が、種子や木の実です。種子や木の実は、長い間、日本人の準主食でした。必須脂肪酸の供給源として重要です。エゴマやクルミには、現代食に欠乏しているα-リノレン酸という必須脂肪酸や抗酸化成分が豊富に含まれています。毎日、少量ずつ食べると、脂肪のバランスが戻って、内臓脂肪も減り、元気に若返る効果が期待できます。
　また、舌ざわりや歯ごたえ、コクを演出する食材としても重要です。すりつぶしたり、たれにすり込んだり、ペーストにしたり、粗くきざんで混ぜ込んだり、使い方次第で、いろいろなおいしさを作り出すことができます。

つぶつぶおかずを活かす
つけ合わせレシピ2

● ソースいろいろ

つぶつぶおかずのおいしさを引き立てるオリジナルのソースたちです。どのソースも基本の調味料を組み合わせるだけで簡単にできて、日もちがします。この4種類があれば、つぶつぶおかずのおいしさは、さらにパワーアップします。

バーベキューソース

ハンバーグやミートボールにからめたり、野菜炒めやソテーにからめて使うと、雑穀のとろみや野菜のうま味と油とソースが融け合って、風味とコクとうま味が増します。ほんのりとした甘さが喜ばれるソースです。

材料
- しょう油……………大さじ3
- リンゴジュース……大さじ6

作り方
1. 鍋にしょう油とリンゴジュースを入れて、火にかける。
2. ソースの量が半分になるまで煮る。

キャロットソース

フライにとてもよく合います。梅酢が油料理のバランスをとります。ケチャップやトマトピューレ感覚で使えるビビッドな朱色が美しいソースです。梅酢を多くすると長く保存できますし、薄めても使えます。

材料
- ニンジン……500g
- 自然塩………小さじ1＋小さじ1と1/3
- 梅酢…………大さじ3

作り方
1. ニンジンを適当な大きさに切って塩小さじ1をまぶし、30分以上やわらかくなるまで蒸す。
2. フードプロセッサーで1をマッシュし、塩小さじ1と1/3、梅酢を入れてピューレ状にする。

万能たれ

天丼のたれやとろみをつけてヒエの穴子風にからめたりして活用できます。熱々の天ぷらにジュッとかけるだけで、パクパク止まらないおいしさです。くず粉でとろみをつければ、焼き鳥のたれ感覚の「照り焼きのたれ」が楽しめます。

材料
- 豆味噌……………小さじ1/2
- しょう油…………大さじ1
- 純米酒……………大さじ2
- 水…………………大さじ2
- リンゴジュース…大さじ1
- 生姜(搾り汁)……少々

作り方
1. すり鉢に味噌を入れ、しょう油、酒、水、リンゴジュース、生姜の順に加えてすり合わせる。
2. 火にかけてアルコール分をとばす。

万能たれの応用レシピ「照り焼きのたれ」

材料
- 万能たれ…全量
- くず粉……小さじ1
- 水…………大さじ1

作り方
万能たれを鍋に入れ、沸騰したら、水で溶いたくず粉をまわし入れ、かき混ぜながら煮て、とろみをつける。

味噌くずソース

濃厚トンカツソース感覚で楽しめます。くず粉と味噌の組み合わせで、ソフトながらパンチのある風味を料理にそえ、さらに腸の健康を守ります。食卓の栄養バランスが、グッとよくなるソースです。

材料
- 麦味噌・純米酒…各大さじ1
- 水…………………大さじ3
- くず粉……………小さじ1/2

作り方
1. 味噌、酒、水を小鍋に入れてよく味噌を溶かし、くず粉も加えて溶かす。
2. かき混ぜながら煮立て、とろみがつくまでよく煮る。

Column-3 　つぶつぶおかずの調味料セレクション

雑穀と野菜のうま味を引き出す基本調味料を紹介します。
雑穀があれば、この調味料だけで、和、洋、中華、イタリアン、タイ料理、メキシコ料理……と、さまざまなおいしさがつくりだせるから不思議です。
国内のこだわり生産者が、気合いを入れてつくっている調味料を選んで、使うようにすると、つぶつぶおかずのおいしさがさらにアップしますよ！

塩
塩は調味の原点、おいしい塩加減が体を守ります

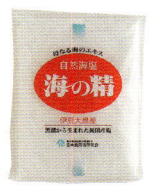

自然海塩海の精（海の精 株式会社）

60種類以上の微量ミネラルが、素材のうま味と体の元気を引き出す。

しょう油　発酵のうま味と香味と栄養を料理にそえます

生しぼり醤油（海の精 株式会社）

300種類もの香気成分を含む、腸を元気にする発酵うま味調味料。

国産・うすくち醤油（海の精 株式会社）

香りも色も淡い素材を生かすしょう油。さっぱりしたうま味と塩味がある。

三河しろたまり（日東醸造 株式会社）

小麦だけで作る透明感のある黄金色のしょう油で、濃厚な甘みとうま味がある。

味噌
消化のよい植物性たんぱく質と必須脂肪酸と酵素の宝庫

麦味噌（海の精 株式会社）

大豆と麦麹でつくるさっぱりした色白の味噌。豆味噌と合わせてもおいしい。

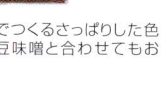

油　菜種油7：ごま油3のブレンド油が健康の秘訣！

国産 黄金油・菜種油（有限会社 鹿北製油）

バター風味。現代食に欠乏しているα-リノレン酸が多い。

ごま油（オーサワジャパン株式会社）

抗酸化成分と各種薬効成分が多く、揚げ物に向く。リノール酸が多い。

完熟・手摘みオリーブ油（株式会社 ヤマヒサ）

小豆島で無農薬栽培された完熟オリーブ油。フルーティでマイルド。

豆味噌（海の精 株式会社）

大豆100％のかすかな渋みと苦みのある濃厚味噌で、色は焦げ茶色。

純米酒
米と米麹と水だけでつくられた混ぜもののない酒が、まろやかなうま味を生む。

蔵の素（合名会社 大木代吉商店）

伝統の技を発展させて醸されるうま味度の高い純米酒。新陳代謝を高める効果も。

酸味
香りとともに体の消化のサイクルを高める酸味

紅玉梅酢（海の精 株式会社）

酢ではなく塩の仲間。きりっとした香り高い酸味で料理を引き立てる。

TUBU TUBU - INFORMATION -

Shopping

つぶつぶ雑穀おかずをつくる、おいしい雑穀専門 通販サイト

未来食ショップ つぶつぶ

https://www.tsubutsubu-shop.jp オンラインショップ

Lessons

経験豊富な公認講師から つぶつぶ雑穀料理の技を習える
雑穀 × ビーガン × おいしい料理レッスン＆セミナー

つぶつぶ料理教室

https://tubutubu-cooking.jp 全国各地

レッスンで使う食材はすべてオーガニック＆ナチュラルを基準に乳製品・卵・砂糖・動物性食品・添加物不使用です。

３６５日毎朝届く！
無料レシピメルマガ 配信中！

毎日の「食べる」が楽しくなる料理や食べ方のヒント付き。

http://go.tubu-tubu.net/recipemail_gbook

雑穀 × ビーガン × おいしい！
肉・魚・乳製品・卵など動物性食品不使用、砂糖不使用、添加物不使用の未来食つぶつぶレシピ３０００種類の中から厳選した、季節の野菜料理、雑穀料理、ナチュラルスイーツレシピなどを毎日お届けします。

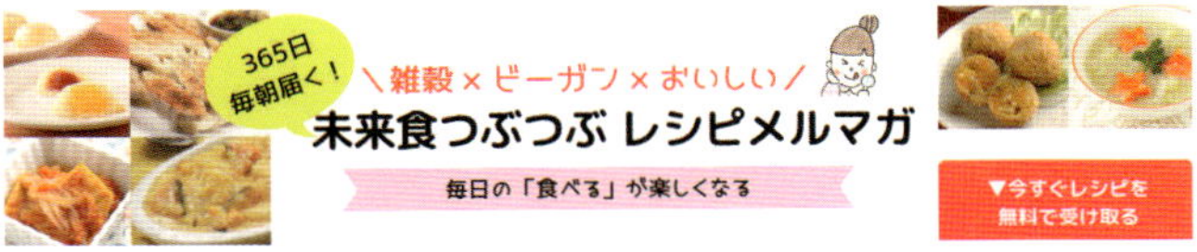

つぶつぶ入会案内

会員限定クーポンがもらえたり、各種イベント・セミナーに参加できます。

>> ご入会はこちら　https://www.tsubutsubu.jp/kaiin

おわりに

　過剰に動物性食品に依存するようになった現代の食生活は、体だけではなく、地球の生態系にとっても大きな負担になっています。

　たとえば、ハンバーガー用の牛の放牧のために、広大な熱帯雨林が猛スピードで伐採されています。

　本来は草食の牛を1頭育てるのに、20人分以上の人間の食料になる穀物を与えています。今では、豚も鶏も穀物飼料で育ちます。

　また、過剰な動物の排泄物は、大地の分解力を超えています。そのために、土壌に有機腐敗物が堆積して生態系を壊しています。

　このまま、世界中の人が肉中心の食生活になっていったら、深刻な食糧危機がすぐにやってきます。

　その土地ごとの気候に適して育つたくましい雑穀は、山間地でも栽培可能なので、つぶつぶおかずが主流になれば、食糧問題は難なく解消します。

　つぶつぶおかずで、地球丸ごと笑顔で共生の未来を取り戻す大作戦、いっしょに楽しみませんか！

　　　　　　　　　　　　　大谷　ゆみこ

大谷ゆみこ（おおたに・ゆみこ）
暮らしの冒険家・雑穀料理家

雑穀に「つぶつぶ」という愛称をつけ、体の働きを高めて若返らせるパワーをもつ料理を「つぶつぶグルメ」として提案。食べたいだけ食べてダイエット&デトックスできるミラクルレシピのファンが急増中。東京で雑穀料理とスイーツが楽しめる「つぶつぶカフェ」を運営。2009年6月には、雑穀ソースで楽しむオーガニックパスタの店「ボナ！つぶつぶ」をオープン。さらにファンの層が広がっている。2008年夏より活動ネームを「大谷ゆみこ」から「ゆみこ」に改名。
著者は『未来食』『野菜だけ？』（メタ・ブレーン）、『雑穀グルメ・ダイエット』（サンマーク出版）など多数。
http://www.tsubutsubu.jp

つぶつぶ雑穀おかず

毎日食べたい！ からだの元気を引き出す簡単おかず

2007年11月1日　　初版発行
2025年2月28日　　16刷発行

著　者　　大谷ゆみこ

デザイン　　原圭吾(SCHOOL)、山下祐子
撮　影　　沼尻淳子
調理協力　　郷田ゆうき、郷田未来、河井美香、坂野純子

発行者　　佐久間重嘉
発行所　　株式会社 学陽書房
　　　　　東京都千代田区飯田橋1-9-3　〒102-0072
　　　　　営業部　TEL03-3261-1111　FAX03-5211-3300
　　　　　編集部　TEL03-3261-1112　FAX03-5211-3301
印　刷　　東光整版印刷
製　本　　東京美術紙工

©Yumiko Otani 2007, Printed in Japan
ISBN978-4-313-87122-9 C2077

乱丁・落丁本は、送料小社負担にてお取り替えいたします。
定価はカバーに表示してあります。

学陽書房の好評既刊！

つぶつぶ雑穀スープ
野菜＋雑穀で作る
簡単おいしいナチュラルレシピ

ヒエ、キビ、アワ、高キビ……人気食材、エコ食材の雑穀と身近な野菜を組み合わせ、手軽な一鍋クッキングで驚くような自然のうま味と栄養がつまった簡単シンプルの雑穀つぶつぶスープ。大地のエネルギーに満ちた体も心もぐんぐん元気になるスープレシピがいっぱい！

大谷ゆみこ著　A5判・88頁　定価＝本体1500円＋税

つぶつぶ雑穀甘酒スイーツ
甘さがおいしい驚きの
簡単スイーツレシピ

あまりご飯で簡単にできる繊維とミネラルたっぷりの甘味料「つぶつぶ甘酒」を使って楽しむノーアルコール、ノーシュガーの植物性素材100％スイーツ。各種和洋菓子からアイスクリームまで作れて、ダイエット中の人、アトピーに悩む人には、とくにオススメのレシピ集。

大谷ゆみこ著　A5判・80頁　定価＝本体1500円＋税

つぶつぶ雑穀ごちそうごはん
野菜と雑穀がおいしい！
簡単炊き込みごはんと絶品おかず

炊飯器にいつものごはんと雑穀、野菜を入れてスイッチ、ポン！そのままメインディッシュになるふっくらおいしい新感覚の人気おかずのレシピが満載。自然の恵みとうま味が詰まって、感動的なおいしさです。

大谷ゆみこ著　A5判・80頁　定価＝本体1500円＋税

つぶつぶ雑穀粉で作るスイーツとパン
砂糖、卵、乳製品なしがおいしい
100％ナチュラルレシピ

雑穀粉があれば、いつものおやつやパンが大変身。ミルキーなヒエ粉カスタードで作るプディング、スフレ、雑穀粉が香ばしいタルト、パイ、しっとりコクのある雑穀パンいろいろ……。体にやさしい、安心の甘さやおいしさで、甘いものへの我慢や不安ともさようなら！

大谷ゆみこ著　A5判・88頁　定価＝本体1500円＋税